KB034241

왜 또 독일인가?

노사관계의 대안을 말하다

돌아가신 내 아버지 - 河海鉦 - 에게 이 책을 바친다.

맑은나루는 ㈜샘앤북스의 단행본 브랜드로서 사람들을 맑은 데로 인도한다는
취지에 부합한 책들을 만듭니다.

왜 또 독일인가 -노사관계의 대안을 말하다-

글쓴이 · 하성식

발행인 · 이낙규

발행처 · ㈜샘앤북스

　　　신고 제2013-000086호

　　　서울시 영등포구 양평로 22길 16, 201호

　　　Tel. 02-323-6763 / Fax.02-323-6764

　　　E-mail. wisdom6763@hanmail.net

초판 발행 2016년 10월 7일

15,000원

ISBN : 979-11-5626-110-0　03320

왜 또
WHY
독일인가
GERMANY?

노사관계의 대안을 말하다

목 차

 저자서문 / 10

 I 들어가며 / 12

　1.사고의 전환이 필요한 시점 / 12

　2.일자리는 왜 중요한가 / 15

　3.노사관계 개선을 위한 그동안의 시도들 / 17

　4.독일의 노사관계로부터 배우다 / 20

 II 독일의 노사관계를 이해하기 위한 지식 공유 / 22

　1.독일의 경제체제 / 22

　　(1)사회적 시장경제 / 22

　　(2)라인 자본주의 또는 이해관계자 자본주의 / 46

　　(3)유니버설은행 시스템 / 52

　2.독일의 기업지배구조 / 57

　3.기업내 노동자 이해대변의 4가지 차원 / 61

　　(1)사업장 차원의 이해대변: 사업장협의회 / 63

　　(2)기업 차원의 이해대변: 감독이사회 / 66

　　(3)산업안전 및 보건 차원의 이해대변: 노동안전보건

　　　위원회 / 69

　　(4)노동조합 차원의 이해대변: 노조의 사내활동가 / 71

4.공동결정법(감독이사회)과 사업장기본법(사업장협
  의회) / 73

5.단체협약, 사업장협약, 그리고 사업장 일자리동맹 / 106

6.노동이사제 / 135

7.노동조합 / 141

8.사회 안전망 / 151

9.이원제도 / 159

 폴크스바겐의 개혁과 단체협약 / 164

1.폴크스바겐 법 / 165

2.모든 일자리에는 얼굴이 있다 - 페터 하르츠 / 169
  (1)대량해고 사태에 직면한 폴크스바겐 / 169
  (2)감당가능한 수준은 어디까지인가? / 172
  (3)새로운 종업원상 - M4 종업원 / 178
  (4)새로운 근로시간모델의 실험 - 주4일 근무제, 블록모델
    및 릴레이모델 / 183

3.폴크스바겐의 아우토 5000 프로젝트 / 189
  (1)아우토 5000 프로젝트의 진행경과 / 191
  (2)단체협약 'Auto 5000 x 5000'의체결 / 194
  (3)아우토 5000 프로젝트의 성공요인 / 199
  (4)아우토 5000 프로젝트의 시사점 / 201

목 차

4.폭스바겐의 주요 단체협약의 교섭 진행 및 내용
일람
  (1)1994/95 단체협약 - 고용보장과 경쟁력향상을 위한
    단체협약 / 205
  (2)1996/97 단체협약 / 209
  (3)아우토 5000 x 5000 단체협약 / 214
  (4)미래협약 / 223
  (5)2006년 단체교섭의 진행 / 228
  (6)조직 통합을 위한 단체협약 / 232

 IV 나가며 / 234

1.무엇을 토대로 제도를, 그리고 사회를 리모델링 할
것인가 / 234
2.새로운 시작은 '감당 가능한 정도'에 대한 노와 사
의 '입장백서' 내놓기부터 / 242
3.새로운 변화를 고대하며 / 246

참고문헌 / 251

일러두기

- 노동자, 근로자, 종업원은 같은 의미로서, 문맥에 따라 그때그때 혼용해서 사용하였다.
- Betriebsverfassungsgesetz 의 번역은 사업장기본법으로 하였다.
- Betriebsrat 의 번역은 사업장협의회로 하였다.
- 문단의 구별은, 한 칸을 온전히 띄움으로써 독자들이 읽기 쉽도록 하였다.

저자 서문

　노사관계 분야를 연구하는 학자가 아니므로, 책의 내용을 형식적이 아니라 실사구시적으로 구성하려고 노력하였다. 예를 들어 독일의 노동조합에 대해 서술하면서 노동조합의 역사니 발전과정이니 하는 사항은 굳이 다루지 않았다. 대신 단도직입으로 독일의 노사관계를 이해하기 위해 기본적으로 필요한 내용들을 나름의 판단을 기준으로 하여 군더더기없이 짧게, 그러나 중요한 사항을 빠트리지 않으면서 서술하였다. 또한 "똑똑한 학부생들에게 내가 하는 일을 설명하지 못하면, 실은 나 자신도 이해하지 못한 것이라고 늘 생각했으며, 어떤 글을 쓰든 이 원칙을 지켰다"는 대니얼 데닛의 기준을 생각하면서 이 책을 기술하였다.

　이 책을 통해, 한국사회의 변화를 구동하는 중요한 한 축으로서 노사관계의 변화에 관한 토론을 촉발시키고자 한다. 토론을 통하여 공감대를 형성함으로써 한국 사회의 가장 시급한 과제인 "사회경제적 변화를 통한 일자리 만들기"를 실현해야 하기 때문이다. 말하자면 '어떻게 일자리를 만들것인가'라는 물음에 답하기 위해 우선 독일의 노사관계를 '제대로 이해하자'는 것이 이 책의 취지이고, 그에 대한 정확한 이해의 바탕 위에 우리사회(우선은 노사관계이지만)의 변화에 관한 논의가 진행되었으면 하는 것이 이 책을 출간하면서 가지는 바람이다.

그리고, 보다 중요한 점은, 이해는 관용을 낳는다는 것이다. 언제까지 자신의 주장만이 옳으며 선이고, 상대방의 주장은 그르고 악이라는 일방적인 자세만을 취할 것인가. 언제까지 교묘하게 나의 이익을 위해 상대의 주장을 매도하기만 할 것인가. 만약 관련 사항에 대해 이해가 부족한 것이 그 원인이라면, 문제해결의 시작은 먼저 상대방의 주장에 대해 정확하게 이해하려는 자세를 갖추는 것이 되어야 할 것이다. 이 책은 한국의 노사관계의 변화에 대해 이런 자세를 가지고자 쓰는 것이다.

독일에 관해서는 우리에게 부정확하게 알려진 것이 많다. 이 책을 통해 그동안 잘못 이해되고 있던 독일의 제도에 대해 그 내용을 바로잡고, 알려져 있지 않은 부분은 정확하게 소개를 함으로써 생산적인 토론이 가능하도록 하였다. 필자는 2007년 "독일노동법 실무" 라는 책을 통해 우리에게 잘 알려져 있지 않던 독일 노동법을 실무적 차원에서 소개한 바 있다. 이번에 펴내는 "독일 노사관계" 를 통해 독일의 노사관계와 주요 제도를 종합적인 차원에서 소개하고, 이어서 최근에 광주광역시 사회통합추진단의 정책TF팀장으로서 '광주형 일자리모델'의 실행계획을 직접 설계했던 경험을 바탕으로, 일자리 창출에 관한 나름의 정책 대안을 "(가제) 일자리, 어떻게 만들 것인가(출간 예정)" 를 통해 제시하고자 한다.

2016년 8월, 폭염과 천학비재의 이중고 속에서

하성식

I 들어가며

1. 사고의 전환이 필요한 시점 - 기본전제에 의문을 제기하라!

일자리 창출이 국가적 어젠다가 된 지 이미 오래 되었다. 그렇다면 그동안 일자리가 많이 생겼는가? 굳이 구체적인 수치를 들먹일 필요도 없이 우리는 그렇지 않다는 것을 이미 알고 있다. 그럼 뭔가 잘 못되었을 공산이 크다. 일자리 창출을 위해 수많은 정책을 기획하고 실행했고, 피드백을 통해 부족했던 정책에 대해 보완에 보완을 거듭한들 달라진게 없었다면, 이제 일자리 창출 정책이라는 시스템이 기반하고 있는 기본전제에 의문을 품어 보아야 하지 않을까.

그동안의 노력이 불발에 그치고 만 이유는 도대체 무엇일까? 이제 우리는 그동안 우리가 해 왔던 수많은 헛발질의 원인을 다른 곳에서 찾아야 한다. 우리가 믿어 의심치 않았던 어떤 "기본전제"에 의문을 제기하고, 그 기본전제를 규정하는 변수들을 변화시켜 보아야 한다. 크리스 아지리스가 그의 학습이론에서 제시한 바와 같이, 단일피드백 고리(single feedback loop)에서 벗어나 이중피드백 고리의 순환을 타고 우리가 헤아리지 못한 어떤 전제에 대해 다시 들여다보고, 새로운 전제에 근거해서 일자리를 만드는 정책에 이를 적용해 보아야 한다.

우리가 믿어 의심치 않았던 기본전제란, 가령 이런 것들이다. "모든 인간(종업원)은 이기적이다. 자발적인 협력을 기대할 수 없다", "이타심, 공정심, 책임성, 공감, 자발성, 이런 것들은 인간의 본성에 없다", "이윤만이 기업활동의 목적이다", "경쟁만이 효율을 보장한다", "관리감독을 통해 종업원을 철저하게 통제해야 생산성을 올릴 수 있다", "임금을 지불했으니 기업의 책임은 다 한 것이다", "삶의 의미는 내가 직장 밖에서 알아서 찾아야 한다", "시장은 전지전능하므로, 개입을 줄여야 한다", "우리의 문제를 해결하는 것은 완벽한 한가지 해결책이다", "성과급은 개인의 노력을 제대로 반영해주는 좋은 임금체계이다", "측정되지 않는 것은 관리되지 않는다", "회사의 이익과 노동조합의 이익은 서로 trade-off 관계이므로, 협상의 결과는 항상 제로섬이 될 수 밖에 없다", "중앙통제체제는 여전히 유효하다" 등. 우리가 지금까지 믿어 의심치 않았던 이런 기본전제들에 대해 의문을 제기하는 사고의 전환으로부터 새로운 노사관계의 변화가 시작될 것이라고 생각한다.

이윤기(직선과 곡선 - 숨은 그림찾기 1)의 표현대로, "잃어버린 물건이 내가 이미 뒷짐질해 본 곳에 있을 수도 있다"는 것은 당황스럽고, 그것을 인정하는 것은 때론 참담한 일이기도 할 것이다. 다 시도해 보았다고 생각했는데, 가장 기본적인 것을 놓쳐버린 낭패감 말이다. 그렇다면 다윈 탄생 200주년 기념으로 영국의 캠브리지에서 열렸던 다윈 페스티벌(2009년)의 캐치프레이즈('See things differently')처럼 지금까지와는 달리 보고, 뒤집어 보는 것은 근본적이고도 유용한 대책을 마련하지 못하고 있는 우리사회의 현실에서는 매우 필요한 작업이라고 생각한다. 지금까지 해왔던 방식으로는 더 이상 안된다는 것이 이미 판명되었다면, 이제는 인간에 대한 고찰, 인간으로 구성된 조직과 사회의 작동원리에 대한 인식의 전환, 기업과 노조의 존재역할에 대한 근본적인 재고, 좋은 삶에 대한 사회적 논의의 확대, 경쟁과 협력에 관한 사회생물학적 지식 등을 포함하여 이 기본전제에 대한 시각을 폭넓게 확장함으로써, 우리의 당면 문제와 상황을 새롭게 인식할 필요가 있다. 폴 크루그먼은, 독일의 일자리 나누기를 언급했던 뉴욕타임스 칼럼의 마지막 문장을 다음과 같이 맺었다. So it's time to try something different(이제 뭔가 다른 것을 시도해봐야 할 시점이다).

이를 위해 노사관계에 있어서 선진국이라고 일컬어지는 독일의 제도에 대해 심도있는 분석이 필요하고, 당연히 그 출발점은 이 책이 내용으로 하고 있는 독일 노사관계 관련 제도의 '있는 그대로'에 대한 정확한 이해가 되어야 할 것이다.

2. 일자리는 왜 중요한가

　우리나라 기업들은 사회적 책임을 아직도 약간의 자선행위로 이해하고 있는 듯 하다. 기업의 사회적 책임(CSR)이 자선(Philantrophy)에서 공유가치 창조(Creating Shaerd Value)로 이미 넘어왔다고 대학의 경영학 교재에 실린지 한참이 지났는데도, 우리 기업은 여전히 사원들을 휴일에 동원해서 저소득층 노인들에게 연탄을 날라주고, 벽지를 발라주는 것을 사회적 책임을 다 하는 것인 양 TV 등을 통해 홍보하고 있다. 그러나 이 시대의 진정한 기업의 사회적 책임은 "일자리"라는 공유된 가치를 창출하는 것이다. 90년대 초에 이미 유럽 최대 기업인 폴크스바겐은 정리해고 대신 고용을 보장함으로써 기업의 사회적 책임이 어떤 것인지를 명확하게 보여 주었다.

　페터 하르츠(폴크스바겐 개혁에서 핵심적인 역할을 했던 노동이사)의 말을 좀 더 확장시켜 보자면, 모든 일자리에는 얼굴이 있고, 그 얼굴에는 무수한 측면이 있다. 거기에는 생계 유지가 있고, 인간으로서의 최소한의 자존감이 들어 있으며, 자기개발과 자기실현의 가능성이 있고, 가족들의 미래와 꿈이 있으며, 공동체의 안정이 들어있고, 그 안정 위에서 이루게 될 사회와 국가의 미래가 있다. 하나의 일자리가 갖는 의미는 이처럼 어마어마한 것이다.

　그러나 이 일자리를 단순히 정책 관료에 의해 이리 돌리고 저리 돌려서 만들어낼 것이 아니라, 일자리란 무엇이고, 돈이란 무엇이며,

인간은 누구이고, 그리고 좋은 삶이란 무엇인가에 대한 철학적인 고찰을 통해, 그것도 정책 담당자가 아니라, 모든 시민들이 그러한 철학의 공유를 통해 이루어내는 것이 필요하다. 뒤에서 살펴볼 독일의 제도와 사례들에서는 이러한 문제에 대한 철학적 공감대가 그 바탕에 깔려 있음을 알 수 있다. 세상에 공짜가 있겠는가. 아무런 철학적 고민없이, 엔지니어링(정책 조종)을 통해 책상 위에서 짜깁기되는 제도는 우리에게 아무런 변화를 가져다 주지 못할 것임은 자명하다. 우리가 독일 노사관계의 토대를 이루는 철학, 관점 그리고 제도들을 제2장에서 두루 살펴보는 이유가 여기에 있다.

3. 노사관계 개선을 위한 그동안의 시도들

노동자 대투쟁을 통해 노동조합이 제도적 정당성을 처음으로 획득한 1987년으로부터 꼽으면 거의 30년이라는 세월이 흘렀다. 21세기 새로운 시대적 조류에 대응하여, "세계일류국가로 도약하기 위해서는 우리나라 노사관계를 전면 개편해야 한다"면서 '신노사관계 구상'을 천명했던 김영삼 정부가 노사관계개혁위원회를 설치해 협력적 노사관계에 대한 사회적 대합의를 이루고, 국민적 공감대 속에서 노동개혁을 추진해야 한다고 목소리를 높였던 해가 1996년 이었다. 대통령 이름과 위원회의 명칭만 바꿔 놓으면 지금의 정부가 말하고 있는 것이 아닌가 할 정도로 그 주장의 배경설명과 내용이 흡사하다. 지금으로부터 20년 전의 일이다. 김영삼 정부의 신노사관계 구상에서는 노사정의 역할에 대해 획기적이고 분명한 발상의 전환을 보이고 있다. 필자가 광주광역시에서 근무하면서 소위 "광주형 일자리 모델"을 설계할 당시(2016.2.), '노동은 생산성과 기술혁신을 책임지고, 기업은 노동자의 고용을 책임지는 새로운 관계형성이 필요한 시점'이라면서, 모델의 실행계획에서 '노동과 경영의 동시적 변화'를 역설했는데, 이때 벌써 이러한 발상의 전환이 이루어져 있었으니 놀라운 일이다. 내용은 이렇다. '생산성과 품질관리, 기술혁신은 노동조합이 책임을 진다', '고용안정과 고임금의 확보 등 복지향상은 경영이 책임을 진다', '물가안정과 소득분배의 개선, 사회보장의 충실은 정부가 책임을 진다'. 물론 그 과정에서 노동법안 날치기 통과와 노동계의 총파업, 그리고 이어진 노동법의 재개정 등 일련의 일들도 우리는 알고 있다. 다만, 애초의 노동법 개정안에 대해 노사가 그 현실적인 불가피성에 대한 공감대가 형성되어 있었다는 것과 그러한 공감대가 사회적 합의로서 결실을 보지 못한 것은 상당히 안타까운 일이었다. 그것은, 기업은 생산기반의 해외이전 대신에 국내투자 확대와 기존 일자리의 안정화에 노력하며, 노동조합은 임금감소를 감수하고 그 댓가로 일자리를 보장받으며, 노동시간 유연화에 동의하고 노동생산성 향상을 위한 교육훈련 강화에 합의함으로써, 국내 제조업의 입지 경쟁력을 강화하고, 정리해고를 회피했던 독일의 사례가 이미 20여년 전에 우리나라에서 이루어질 수도 있었는데라는 안타까움이다.

생산성 향상분에 대한 노동자의 몫을 보장하는 공정한 분배가 바로 동반자적인 노사관계라는 시각을 가졌던 김대중 정부는, 그러나 외환위기라는 환경하에서 IMF의 요구를 무시할 수 없었기 때문에 결과적으로는 자유주의적인 노동정책을 시행할 수 밖에 없게 되었다. 김영삼 정부의 노개위와 마찬가지로 대통령 직속 자문기구로 시작되었으나, 법제화를 거쳐 사회적 협의기구로 바뀐 노사정위원회(1998년)를 통해서 김대중 정부는 노동시장의 유연성을 높이고, 신노사문화 정착을 위한 상생의 노사관계를 조성하겠다고 노동부에 노동개혁추진단을 구성하는 등 노동개혁을 추진하였다. 이후 노무현 정부에서는 사회통합적 노사관계 구축이라는 캐치프레이즈를 내걸고 노동개혁을 추진하는데, 주요 내용은, '국제기준에 부합하는 노사관계의 구축', '중층적 구조의 사회적 파트너십 형성', '자율과 책임의 노사자치주의의 확립'이었다. 지금으로부터 대략 13년 전의 일이다.

 그동안 얼마나 많은 두뇌들이 여기에 투입되었고, 얼마나 많은 이론들이 언급되었으며, 또 얼마나 많은 시도들이 무산되었던가. 이제 다시 박근혜 정부에서 노동개혁을 부르짖고 있다. 살펴 보았듯이 그 근본적인 내용은 이전과 별로 달라보이지 않는다. 계속 되풀이 되는 것이 신노사문화, 노사상생, 사회통합, 동반자적 노사관계, 자율과 책임이다. 노사간에 보이는 주장의 대립도 그 옛날 그 장면 그대로이다. 노동이 시민권을 획득했다고 하는 1987년 이후 30년이라는 세월이 흐르는 동안, 우리의 노사관계는 얼마나 변했는지 노와 사가 한번 돌아 보기를 권한다. 20여년이나 지난 폴크스바겐의 개혁 사례를 다시 들여다 보아야 할 이유가 여기에 있다. 사회(노사관계)를 바꾸기 위해서는 우선 '생각'부터 바꾸어야 하고, 그러기 위해서는 노사 문제에 있어서 우리보다 앞서 나간 나라들이 무엇을, 어떻게 고민했는지 들여다 보아야 한다.

4. 독일의 노사관계로부터 배우다

새로운 기본전제를 세우는데 도움이 될 조언을 독일로부터 얻으려고 한다. 깊이있게 들여다보면 우리를 변화시킬 그 무엇인가에 대해 분명히 소중한 시사점을 발견할 수 있을 것이다. 2016년 상반기에 들어서면서 유로존 국가의 경제가 회복되고 있다는 보도가 나오고 있지만, 독일은 1990년대 초반과 2000년대 초중반의 경제위기를 극복하고, 이미 2010년 이후에는 유로존 국가 중에서 유일하게 탄탄한 경제를 유지해 오고 있다. 물론 독일의 경제력에 비해 유로화의 가치가 낮기 때문에, 주로 수출로 성장을 하는 독일이 반사이익을 얻었다는 것이 지적되기도 하지만, 어쨌든 금융위기의 와중에도 8% 초반의 낮은 실업율을 유지하고, 성장이 없는 가운데도 고용률이 줄어들지 않은 것에 대해 전세계로부터 기적이라는 찬사를 들어왔다. 경제성장이 정체 중임에도 불구하고, 고용이 늘어나는 현상에 대해 폴 크루그먼은 "성장없는 고용"이라면서 놀라워 했는데, 일자리 나누기를 통해 이것이 가능했다고 진단한 바 있다(뉴욕타임스, 2009.11.12.).

노와 사의 이해는 태생적으로 부딪친다. 이러한 관계에서 협력을 해야 한다면 어떻게 해야 할까? 질문을 다시 해야겠다. 이제 협력 이외에는 어떠한 방법도 존재하지 않는 상황이 왔다면, 노와 사는 어떻게 서로의 이해를 조정해야 할까? 이 질문에 대해서도 폴크스바겐의 사례는 의미심장하다. 당시 폴크스바겐의 노동이사였던 페터 하르츠는 그의 저서(Peter Hartz, 1994 및 1998)에서 "감당 가능한 정도(Zumutbarkeit)"란 개념을 강조했다(필자가 80년대 솔 출판사가 펴낸 "입장총서"라는 시리즈의 제목을 보면서 "아, 그렇지!"하고 무릎을 쳤던 기억이 나는데, 각자의 '입장'을 사전에 명확히 한다면 얼마나 생산적인 토론이 가능할 것인가라는 생각이 미쳤기 때문이었다. 그때의 기억이 페터 하르츠의 "Zumutbarkeit(감당 가능한 정도)"란 개념을 보면서 다시 되살아났다('감당 가능한 수준은 어디까지인가'라는 개념에 대해서는 뒤에서 자세히 살펴 보겠다). 이를 포함해서 폴크스바겐의 단체교섭을 자세히 들여다 보았다. 어떻게 임금보전 없는 노동시간 확대에 노동조합이 동의할 수 있었는지, 그리고 경제위기의 시기에 노와 사가 어떤 사안을 맞교환함으로써 위기를 넘길 수 있었는지, 그 딜(deal)을 가능케한 구체적인 수단들은 무엇이었는지 등을 자세히 살펴보려고 한다. 여기에 더해서 이러한 제도들이 가능할 수 있었던 정신적인 기반에 대해서도 함께 살펴보고자 한다.

II 독일의 노사관계를 이해하기 위한 지식 공유

 이 장의 목적은 독일의 노사관계를 정확하게 이해하고, 이를 통해 관련 사안에 대해 깊이있는 토론이 가능하도록, 독일 노사관계에 관한 기본적이고도 중요한 지식을 공유하기 위한 것이다. 제도에 대한 정확한 이해와 그에 바탕한 심도있는 토론을 통해서만 우리에게 필요한 시사점을 정리해 낼 수 있을 것이기 때문이다.

1. 독일의 경제체제

(1) 사회적 시장경제

 독일의 경제체제(economic regime)를 얘기할 때 우리는 사회적 시장경제(Soziale Marktwirtschaft)라고 부른다. 사회적 시장경제 이념의 뿌리는 발터 오이켄(Walter Euken)으로 대표되는 프라이부르크 학파의 질서자유주의(Ordo-Liberalismus)에 닿아 있다. 사회적 시장경제는 2차 세계대전 종전 후 아데나워 내각(1949~1963)에서 독일의 첫 경제장관(1949~1963)을 역임했고, 2대 총리(1963~1966)가 되었던 루드비히 에르하르트(Ludwig Erhard)에 의해 신생 독일연방공화국(서독)의 기본 경제정책으로 채택되었다. 사회적 시장경제의 기본 구상은 이미 1940년대에 뮌스터 대학의 교수였던 뮐러 아르막(Müller-Armack, 후에 에르하르트 경제장관 아래에서 국장 및 차관을 거친다)에 의해 마련된 것이다. 기본적으로 시장의 자율성을 최대한 보장하되, 경제적 효율성 못지않게 사회적 균형 또는 사회적 질서를 중시하는 접근법으로서, 중앙정부의 강력한 조정력을 통해 시장의 배분 효율성을 조정하는 체제를 말한다(Arne Heise, 2013). 당시 사회적 시장경제 제체는 자유방임적 시장경제와 사회주의 계획경제와는 다른, 또 하나의 경제체제였다.

a. 오이켄의 질서자유주의에 따른 경제질서

사회적 시장경제의 기본원칙은 시장경제의 자유와 효율을 보장해주는 경제질서를 확립하는 것이다. 즉, 경쟁이 보장되는 시장경제를 기본적으로 상정하고 있는 경제시스템이다. 오이켄은 이와같은 경쟁적 경제질서를 유지하기 위해 경쟁질서의 범주를 규정하는 7개의 형성원칙(konstituierende Prizipien)과 경제정책에의 개입을 판단하는 4개의 규제원칙(regulierende Prinzipien)을 제시하고 있다. 형성원칙이란, 시장가격기제의 자유로운 작동 원칙, 화폐가치 안정을 위한 통화정책 우위의 원칙, 개방시장의 원칙, 사유재산의 원칙, 계약자유의 원칙, 책임의 원칙 및 경제정책 일관성의 원칙을 말하는 것으로서 시장경제의 작동원리에 다름 아니다. 이러한 형성원칙들이 지켜지는 시장경제 시스템에서 시장의 결과에 대해 수정이 요청될 경우(시장실패 및 사회적 약자의 보호)가 생기는데, 이때 국가의 개입이 필요하고, 이 개입을 위한 원칙이 규제원칙인 바, 이에는 경쟁시장(독점규제)의 원칙, 소득재분배의 원칙, 외부효과 수정의 원칙, 비정상적 공급시장에서의 최소가격규제의 원칙이 있다(Dominik, 2006).

프랑스의 경제학자 미셸 알베르의 말을 들어보자. "경제의 통제는 역사상 전체주의, 특히 나치즘의 특권이었다고 이해되고 있다. 그 때문에 1948년 루드비히 에하르트의 통화개혁 이후, 서독은 명백히 통제경제시스템을 부정하고 자유자본주의 경제의 독특한 형태를 채택하고 있다. 그것이 바로 사회적 시장경제이다. 이것은 프라이부르크 학파가 주장하는 세계관이 그 기초를 이루고 있다. 이 학파에 의하면, 사회적 시장경제는 두가지의 기본원칙에 의해 특징지어진다. 하나는, 시장에서 최대한으로 시장기능의 자유가 보장되어야 경제가 활성화된다는 것이다. 그 자유는 무엇보다도 가격의 기능과 관련이 있다. 또 하나는, 시장의 기능만으로는 사회생활 전체가 움직이지 않는다는 것이다. 시장의 움직임은 균형이 중요하다. 다른 사회적인 우선항목과 균형을 이루지 않으면 안되고, 국가가 그것을 보장해야만 한다."(미셸 알베르, 1993, p. 144)

질서자유주의와 관련하여 질서의 의미는, 강제적으로 자유를 제한함으로써 얻는 것이 아니라, 오히려 불공정과 무질서로부터 자유를 지킴으로써 이루어 낸다는 것으로 이해해야 한다(베른하르트 포겔 아데나워재단 명예이사장). 사회적 시장경제 체제의 유효성은, 경제기적(라인강의 기적) 혹은 높은 수출경쟁력(인구 8천만인 독일이 2003~2008년 5년동안 수출에서 세계 1위를 차지했다)으로, 그리고 통일 후의 경제수습과 2000년대 말의 세계금융위기 극복을 통해 이미 입증되었다고 할 수 있다.

b. 가톨릭의 사회교리

사회적 시장경제와 밀접한 연관을 맺고 있는 것이 가톨릭교회의 사회교리(회칙 Papal Encyclical)이다. 교회는 다양한 교회공동체와 연락하는 방법 중의 하나로 회람편지 형식을 사용해 왔는데, 이 회람편지를 회칙이라고 한다. 그 시대의 사회문제에 대한 가톨릭교회의 응답인 셈이다. 사회적 시장경제는 정치경제적 자유주의와 가톨릭교회의 사회교리로부터 차용한 질서 개념을 결합한 것이다(J. M. Winterberg, 2006). 프랑스의 대표적 경제학자인 미셸 알베르도 이 점을 지적하고 있는데, "라인형 자본주의의 가치관이나 사고방식, 그것이 너무나 알려져 있지 않은 점, 알고 있다고 해도 의심의 눈초리를 받고 있다는 것을 깨닫게 될 것이다. 또 하나 알려져 있지 않은 사실에 가톨릭 교회의 교리가 사회적 시장경제의 성립에 끼친 역할이 있다. 이것은 주로 기독교민주연합(CDU)의 가톨릭과 사회민주당(SPD)의 신교 쌍방의 영향을 받은 것이다. 이 사실이 알려져 있지 않은 것은 놀랄만한 일"(미셸 알베르, 1993, pp. 238~239)이라고 적고 있다.

가톨릭교회의 최초의 사회교리는 1740년 교황 베네딕토 16세가 발표한 〈Ubi Primum: On the Duties of Bishops〉이었고, 본격적으로 사회문제에 관해 발언한 최초의 회칙은 1891년 교황 레오 13세가 발표한 〈Rerum Novarum: Of New Things〉가 시초였다. 당시 산업혁명과 자본주의 이념이 심각한 경제적 불평등을 낳던 시점에서 노동자 계급의 실상에 관해 언급하고, 노동문제의 해결을 제기한 것이었다. 이 사회교리로 인해 사회문제에의 개입에 대한 교회의 전통이 확립된 것으로 본다. '노동없는 자본 없고, 자본없는 노동 없다'는 인식으로 노동과 자본의 긴밀한 결합을 강조했다(도요안, 2011, pp. 133 ff).

한국가톨릭대사전에 따르면, 가톨릭 사회교리의 기본원리는 보충성의 원리, 연대의 원리 그리고 공동선의 원리이다. 이 원리들은 기본적으로 그 근본에서 인간의 존엄성에 대한 가치를 담고 있다. 따라서 세가지 기본원리는 인간 존엄성이라는 가치를 실현하기 위한 수단으로서의 원리라고도 할 수 있다. 이 원리들은 사회적 시장경제와 깊게 연관이 되어 있으며, 또한 이들에 대한 이해는 곧 유럽 사회의 여러 제도에 대한 이해와 같은 의미가 된다.

c. 보충성의 원리, 연대의 원리 및 공동선의 원리

교황 베네딕토 16세는 교황청 신앙교리성 장관(당시 요제프 라칭어 추기경 Joseph Ratzinger - 독일인으로서는 여덟번째 교황) 시절이었던 1986년에 발표한 "자유의 자각 Libertatis Conscientia - 그리스도인의 자유와 해방에 관한 훈령"에서 사회교리의 본질에 대해 다음과 같이 말하고 있다(한국천주교주교회의/한국천주교중앙협의회 www.cbck.or.kr, 교황청문헌 자료 제70번).

"보충성의 원리와 연대의 원리는 인간의 존엄성이라는 토대와 밀접히 연결되어 있다. 첫째, 연대의 원리에 따라 인간은 그 형제들과 더불어 모든 차원에서 사회의 공동선에 공헌해야 할 의무가 있다. 그러므로 교회의 교리는 온갖 형태의 사회적 정치적 개인주의에 대하여 반대한다. 둘째, 보충성의 원리에 따라 어떤 국가나 사회도 결코 그 자체로서 개인과 중간 집단이 기능할 수 있는 차원에서 개인들과 중간 집단의 창의와 책임을 대체할 수 없다. 또한 어떠한 국가나 사회도 개인과 중간 집단의 자유에 필요한 공간을 제거시킬 수 없다. 그러므로 교회의 사회교리는 모든 형태의 집단주의에 반대한다. 이 두가지 원리는 인간 존엄성의 실현을 위한 기본원리이고, 연대의 원리는 정치적 개인주의에 반대하고, 보충성의 원리는 정치적 집단주의에 반대하는 원리로서 사회구조의 상황, 그리고 사회체계가 인간 존엄성을 실현하는지를 구체적으로 판단하는 기준이 된다".

인간의 존엄성에 대한 가톨릭교회의 강조가 독일의 사회와 제도에 얼마나 강력하게 영향을 미치고 있는지는 독일 헌법 제1조 제1항을 보면 짐작할 수 있다. "인간의 존엄성은 불가침이다. 이를 존중하고 보호하는 것은 모든 국가기구의 책무이다." 우리 헌법에서도, 무엇 무엇을 추구하느니, 확인하느니 하면서 한참을 돌아갈게 아니라, 이렇게 인간의 존엄성과 기본인권에 관해 보다 확고하고, 직접적으로 선언해 주면 어떨까 싶다. 1950년에 체결된 유럽인권협약도 제1조에서 인권 존중 의무를 체약국에 부과하고 있으며, 유럽연합기본권헌장 제1조도 "인간의 존엄은 불가침이다. 인간의 존엄은 존중되고, 보호되어야 한다"라고 규정하고 있다. 참고로 우리나라의 헌법에도 인간의 존엄성에 관한 조항이 있다. 비록 제1조는 아니지만, 행복추구권 조항이라고도 하는 헌법 제10조(인간의 존엄성과 기본 인권 보장)에서 다음과 같이 선언하고 있다. "모든 국민은 인간으로서 존엄과 가치를 가지며, 행복을 추구할 권리를 가진다. 국가는 개인이 가지는 불가침의 기본적인 인권을 확인하고 이를 보장할 의무를 진다."

보충성(Subsidiarity)의 원리에 관해 교황 비오 11세는, 1931년 발표한 회칙 〈Quandragesimo Anno: After Forty Years - 1891년 교황 레오 13세가 반포한 회칙의 40주년을 기념하는 회칙〉에서 이렇게 말하고 있다. "규모가 작은 하위조직에서 효율적으로 수행할 수 있는 기능과 역할을, 규모가 큰 상위조직이 스스로 침해하는 것은 불의요, 중대한 해악이며, 바른 질서를 교란하는 것이다." 이보다 더 적확하게 표현할 수 없을 정도로 보충성의 원리에 대해 그 핵심을 찌르는 표현이라고 할 수 있을 것이다. 가톨릭 사회교리에서 보충성의 원리는 인간의 모든 조직 생활 안에서 준수해야 할 중대한 원리가 된다.

지방자치제에 있어서도 보충성의 원리는 가장 핵심적인 원리가 된다. 알다시피 독일은 연방국가로서 지방자치제가 잘 발달되어 있는 국가이다. 독일에서는 지방정부에서 할 수 있는 일을 중앙정부가 간섭하지 않으며, 국방, 외교를 제외한 거의 모든 영역에서 지방정부가 독자적으로 정책을 추진한다. 지방정부의 일은 지방정부가 알아서 처리하는 것이 지방자치제도의 기본 원리이고, 이것은 바로 다름 아닌 보충성의 원리가 말하고 있는 것이기도 하다. 지방정부 차원에서 하기 어려운 일이 있을 경우, 요청이 있을 경우에 비로소 중앙정부가 나서는 것이다. 복잡하게 이런저런 이유를 논리적으로 대고, 해법을 복잡하게 제시할 필요없이, 보충성의 원리가 우리사회의 구성원에 의해 흔쾌히 받아들여질 경우 지방자치든, 노사관계 갈등이든, 사내갈등 문제든 또는 요즘 많이 회자되고 있는 가족내 갈등 문제 등 많은 문제가 적절하게 해소될 수 있으리라고 생각된다. 참고로, 독일노동조합총연맹(독일노총)도 이러한 보충성의 원리에 의해 운영된다고 말할 수 있다. 즉, 독일노총 산하 8개의 산업별노동조합은 노동조합의 핵심업무인 단체협약정책 등에 있어서 노총의 지시대로 움직이는 것이 아니라, 산별노조가 독자적으로 정책을 수립하고 집행한다.

노총은 단지 산하 산별노조를 대표하는 역할을 맡을 뿐이다.

경영사상가로 잘 알려진 찰스 핸디(2009, pp. 160 ff)에 따르면, 보충성의 원리는 연방제의 중심에 있는 아이디어이며, 학습에서의 핵심요소라고 한다. 계속해서 그의 말을 들어보자. "변화가 효과적이려면 보충성의 원리에 의존해야 한다. 집단으로 일하는 곳에는 보충성의 원리가 필요하며, 개인이 스스로 더 많은 책임을 지도록 유도하려면 항상 보충성의 원리가 뒷받침되어야 한다." 뒤에서 살펴볼 폴크스바겐의 아우토 5000 프로젝트에서 시도되는 작업장 혁신의 핵심은 계층구조를 단순화한 수평조직의 구성이었다. 찰스 핸디에 따르면, 수평조직의 비결은 보충성의 원리에 따라 조직을 단순하게 정비하는 것이라고 한다. 작업팀 또는 개인이 각자 책임지고 있는 일을 임의대로 처리할 수 있도록 적절한 수단을 확보해 놓은 상태에서, 중앙에서는 전체적인 기준 목표를 정할 뿐이고, 구체적으로 이를 어떻게 수행하느냐는 것은 중앙에서 일일이 규정할 필요없이, 각 작업팀이 자체적으로 협의해서 정하고 수행하는 것이다. 코피 아난이 2000년 9월 밀레니엄 정상회의의 개막 연설에서 "우리가 20세기에서 배운 것이 있다면 그것은 중앙통치제체는 더 이상 통하지 않는다는 것"이라고 말했던 것도 바로 이런 맥락일 것이다.

계속해서 찰스 핸디의 말을 들어보자. "보충성의 원리는 개인의 권리와 의무를 강조하기 때문에, 시민의식과 공동체와 관련된 모든 개념에도 불가결한 요소이다. 개인적인 자유를 원하거나, 자유를 건강이나 복지 서비스처럼 문서화해서 보장받기를 바란다면, 우리는 이웃에 대한 책임을 받아들여야 하고, 신뢰를 얻어야 한다. (…) 또 아이들이 감당할 수 있을 만큼 최대한 책임을 부여하고 완수할 수 있게 도와주어라는 식의 보충성 원리에 함축된 메시지는 진정한 부모 노릇을 하는데도 좋은 지침이 된다."

연대(solidarity)에 관해 살펴보기 위해서 우선 한국가톨릭대사전 (pp. 6145~6147)을 펼쳐보자. "사회 안에서 각 개인은 전체에 대하여 책임을 지는 반면, 전체는 개인에 대하여 책임을 지므로, 사회는 구성원을 돌보고 책임져야 한다. 이 연대성의 원리는 구체적으로 전체와 개인 사이의 상호관계, 개인이나 전체의 일방적 지배종속 관계, 개인과 개인 사이의 상호관계를 포함하는데, 인간의 사회적 본질이 부정되고 개인의 인격성만 강조되는 개인주의와, 인간 개인의 존엄성을 박탈하고 인간을 사회적, 경제적 과정의 단순한 대상으로 간주하는 집산주의는 모두 사회 질서의 원리에서 배제된다. 연대성의 원리는 이 두 가지의 중간에 위치하는 것이 아니다. 오히려 개인과 인간의 상호 결합에 바탕을 두면서, 이를 유지하는 상호간의 의무가 지켜지는 가운데 사회 질서의 원리로서 사회를 움직이게 된다. 결국 연대성의 원리는 인간 개인이 자신의 고유한 본질적 가치를 잃어버리지 않으면서 동시에 자기 자신이 지니고 있는 사회성에 따라 사회를 살아가는데 있어서 개인과 사회를 조화시켜 함께 발전하도록 하는 원리라고 할 수 있다. 이 연대성의 원리는 구체적으로 노사협력 분야, 약자보호 분야, 그리고 선진국과 후진국 사이의 관계 등에 적용되어야 한다"고 정의하고 있다.

연대의 개념에는 모든 인간이 인격체이고, 사회적 본성을 지니고 있다는 내용이 포함되어 있다. 따라서 사람들은 서로를 도울 때 비로소 정상적인 사람으로서 살 수 있다고 본다. 곧 사람은 다른 사람들의 완성에 이바지할 때 비로소 자신들도 완성될 수 있다는 것이다. 인간의 사회관계가 진리와 정의, 사랑과 자유 속에서 연대의 원리와 상호협력으로 이루어 지도록 해야 한다는 것이다. 진리, 정의, 사랑, 공동선, 이런 용어에 대해 그냥 좋은 소리, 막연한 소리라고 매도하지 않았으면 좋겠다. 그렇게 매도하는 자세야 말로 우리사회가 어떤 사회인지를 적나라하게 보여주는 척도이기 때문이다. 연대란 용어에 대해, 우리사회 일각에서는 마치 노동자계급의 전유물로만 인식하는 경향이 있고, 따라서 일부에서는 이 용어에 대해 막연한 반감을 가지고 있기도 하다. 연대란, 노동자에 의한 파업과 동의어도 아니고, 가난한 이들을 위하여 막연히 갖는 위선적 감정도 결코 아니다. 만인의 공동선을 위한 만인의 노력을 의미한다고 보아야 한다. 어느 한 부분이 배제되면 전체가 존재할 수 없다고 보는데, "만인은 일인을 위하여, 일인은 만인을 위하여(Unus pro omnibus, Omnes pro uno)"라는 표어가 이를 함축적으로 잘 표현하고 있다. 돈이 없는 사람도 의료혜택을 받을 수 있는 건강보험 등 사회보험제도도 바로 연대의 원리에 기반한 제도이다.

로마시대의 비문에는 황제의 공식 칭호가 약자로 BPN(bono public natus)으로 표기되어 있다고 한다. 즉, '공동선을 위하여 태어난 자'라는 의미이다. 한국가톨릭대사전(pp. 467~469)에 따르면, 공동선(common good)은 개인 이익에 대비되는 개념이며, 공공복지라는 개념으로 대치될 수 있다. 공동선의 개념에는 특정 생활 공동체의 구성원 전체가 정신적, 물질적 만족을 최고도로 실현하는 것이라는 내용이 공통적으로 들어간다. 가톨릭의 사회론은 모든 사회제도의 근원, 주체, 목적이 인간이므로 사회의 목적과 근원을 공동선의 실현이라고 설정하는데, 집단이나 개인이 더욱 완전하고 쉽게 자기를 완성할 수 있는 사회생활의 여러 조건들의 총체를 공동선이라고 말한다. 이 공동선은 사회 구성원들의 전인적 실존을 증진하고 가능하게 하며, 인간적 본성 안에 있는 반사회적 충동들이 다른 이들의 권리와 사회질서를 간섭하지 못하게 하는 두 가지 기능이 있다고 한다.

1965년 제2차 바티칸 공의회 문헌인 '현대세계의 사목헌장'에서는, 공동선이란 "집단이나 그 집단의 개개인이 보다 완전하고, 보다 용이하게 자기 완성을 달성할 수 있게 하는 사회생활의 여러 조건들의 총체"라고 설명한다. 가톨릭교회에서는 '개인은 사회를 위해 존재하고, 사회를 위해서는 개인의 이익과 권리는 희생되어야 한다'고 주장하는 사회주의와 반대로 '사회는 개인을 위해서 존재하고, 개인의 이익과 권리를 보장하기 위해서는 사회를 마음대로 이용할 수 있어야 하며, 사유재산은 아무도 침해할 수 없는 절대적 권리'라고 하는 자본주의 두 입장을 모두 배격한다. 교회는 공동선을 사회존재의 목적으로 제시하고 있다. 개인은 사욕보다는 공익을 자발적으로 추구해야 하고, 사회는 인간 개개인에게 자기완성에 필요한 모든 조건들을 만들어 주어야 한다고 주장한다.

허창수(허창수, 1996, pp. 31~32)에 따르면, 공동선이란 공동체적 삶을 통해 한 공동체 내의 모든 구성원들이 복지를 누리는 상태를 의미한다. 즉, 공동체의 생활은 공동선의 근거가 되는데, 더 구체적으로는 공동체가 그 안에서 창출한 재화와 가치들을 모든 구성원들에게 제공하고 누리게 하면 그 공동체에서는 공동선이 실현된다는 것이다. 따라서 공동선은 분배 문제라고 말한다.

d. 가톨릭의 주요 사회교리

가톨릭의 사회교리에는 '지금, 여기에서' 우리가 깊이 참고해야 할 내용들이 많이 있다. 아래에서 몇 가지를 살펴보자(천주교 서울대교구 노동사목 50년사, 2008, pp. 554 ff 또는 천주교 주교회의 정의평화위원회 사이트에서 볼 수 있다).

◎**1891년 교황 레오 13세의 회칙(새로운 사태 Rerum Novarum):**
혼히 "노동헌장"으로 불리는 이 회칙은 개인을 도덕적 구속력으로부터 이완시키는 자유주의적 자본주의와, 인권이나 종교적 복지를 고려하지 않고 사회복지만 강조함으로써 개인의 자유를 경시하는 사회주의를 모두 단죄하고, 사회문제의 해결방안으로 사회주의와 자본주의의 양극단을 피하는 균형 잡힌 사회원리를 제시하면서, 소외된 가난한 이들, 특히 노동계급에 더 큰 관심을 표명하였다. 교황 레오 13세는 이 회칙에서 사회문제를 해결하기 위하여 노동자 자신들뿐 아니라, 가톨릭교회와 국가도 협력하여야 한다고 강조하였다. 자본가나 노동자나 모두 교회의 자녀이며, 똑같이 인간의 존엄성을 지닌다. 교회는 복음의 가르침을 따라 노동분규를 종식시키거나 완화시킬 수 있으며, 경제 및 사회 문제를 해결하기 위하여 국가가 "공동선"을 실현할 목적으로 개입하여야 하고, 국가는 공권력으로 가난한 노동자의 복리를 증진시키기 위하여 최선의 대책을 강구하여야 한다. 즉, 사회개혁을 주장하면서 자본가와 노동자들의 분열을 극복하고자 하였다. 이 두 계급은 국가 안에서 조화롭게 일치하고 협력하여야 하는데, 노동 없는 자본도, 자본 없는 노동도 있을 수 없으므로 단순한 우정만이 아니라 형제적 사랑으로 결합할 것을 가르치고 있다.

◎1931년 교황 비오 11세의 회칙(사십 주년 Quadragesimo Anno): 제1차 세계대전과 제2차 세계대전의 과도기에 반포된 이 회칙을 전후하여 러시아혁명(1917년), 경제대공황(1929년),

나치즘과 파시즘의 득세(1930년) 등과 같은 세계적인 사건들이 생겨났는데, 교황 비오 11세는 "사십 주년" 회칙에서 그리스도교의 전통과 시대변천에 따라 끊임없이 제기되는 새로운 사회문제를 해결하려는 노력이 사회교리라고 설명하면서, 최초로 사회교리의 본질과 목적을 명시적으로 다루었다. 교황 비오 11세는 복음정신을 바탕으로 항상 가난한 사람을 보호하고, 사회문제에 대한 적절한 해결책을 강구하기 위하여 교회가 "새로운 사태"가 이루어 놓은 업적을 배우고 익혀야 하며, 이 같은 노력을 통하여 교회는 사회, 경제 문제에 구체적으로 개입하여야 한다고 주장하면서 사회교리의 내용과 목적을 밝혔다. "사십 주년"은 교회가 이룩한 업적, 국가가 이룩한 업적, 고용자와 노동자, 즉 노동당사자들이 이룬 업적 등으로 "새로운 사태"의 구체적인 업적을 정리하고, 사회·경제 분야에서 세계적으로 인정받는 교회의 권위를 사유재산제도, 노사관계, 적정임금의 기준, 사회질서의 재건 등 구체적인 분야로 나누어 검토하였다. 또한 자본주의 제도의 잘못된 적용실례와 독점 등 경제력 집중문제, 사회주의 분화와 팽창문제 그리고 이에 대한 가톨릭교회의 반대 입장을 정리하고, 사회개혁에 신자들이 앞장설 것을 권하면서 전세계 인류에게 복음정신으로 복귀하고, 윤리의식을 회복하여, 진정한 사회개혁에 동참할 것을 호소하였다. 이 회칙에서 가톨릭 사회교리의 주요원리인 '보충성의 원리'가 나왔다.

◎1961년 교황 요한 23세의 회칙(어머니와 교사 Mater et Magistra): 교황 요한 23세는 이 회칙에서 노동자들이 회사에서 일정한 지분을 가지고 회사경영에 참여할 것을 권고하고, 더 나아가 노동자들이 국가 차원의 정책결정에도 참여하도록 제안하였다. 또한 국가는 국민생활에 더욱 능동적인 역할, 즉 대기업에 대하여 통제권을 행사하고, 공동선의 이름으로 재산을 소유하게 하며, 사회문제를 극복하는데 더 큰 역할을 하도록 촉구하였다. 나아가 개발도상국에 대한 원조문제를 획기적으로 제기하고 사회구조를 개선하도록 거듭 촉구하였다. 즉, 새로운 사회문제로 대두된 가난한 나라와 부유한 나라 사이의 격차와 세계평화에 대한 위협을 거론하고, 그리스도인과 정책 입안자 모두에게 방향을 제시하는 여러 원칙들을 밝혀 줌으로써 국제화한 회칙으로 평가되었다. '사회화'라는 용어를 긍정적으로 채택하여 교회의 공식용어가 되었으며, 복지·교육 등에 국가의 간섭을 증대하여 제도화할 것을 요구하였다.

◎1965년 제2차 바티칸 공의회 문헌(현대세계의 사목헌장, 기쁨과 희망 Gaudium et Spes): "공의회는 인간에 대한 존중을 강조한다. 그리하여 모든 사람은 저마다 이웃을 어떠한 예외도 없이 또하나의 자신으로 여겨야 하고 무엇보다도 이웃의 생활을 고려하여 그 생활을 품위 있게 영위하는 데에 필요한 수단들을 보살펴야 한다". "사유재산 자체는 본질상 사회적 성격을 지니고 있다.

이 사회적 성격은 재화의 공동 목적 법칙에 바탕을 두었으므로 이를 무시하면 재산 소유는 가끔 탐욕과 중대한 혼란의 계기가 되며, 소유권 자체를 위태롭게 하는 공박자들에게 구실을 제공하게 된다. 예를 들어 사유재산의 소유권은 철저히 개인에게 주어지지만, 사유재산의 사용은 공동선의 원리에 입각하여 이루어져야 한다". "노동자에게 피해를 끼치는 경제활동을 조직하거나 규제하는 것은 부당하고 비인간적인 처사이다. 자본주, 사용자, 지배인, 노동자 등 각자의 직무에 따라 업무상 필요한 통일성을 유지하면서 적절히 규정된 방법에 의하여 모든 구성원이 기업 운영에 적극 참여하도록 촉진하여야 한다. 노동조합을 자유로이 조직할 권리와 아무런 불이익의 위험없이 조합활동에 참여할 권리는 인간의 기본권에 속하는 것으로 인정되어야 한다." "또한 노동자들이 자유와 책임을 지닌 인간이 아니라, 이윤 추구의 단순한 도구로 취급 당하는 굴욕적인 노동조건과 같은 행위들은 참으로 치욕이다. 이는 인간 문명을 부패시키는 한편, 불의를 당하는 사람보다도 그러한 불의를 자행하는 자들을 더 더럽히며, 창조주의 영예를 극도로 모욕하는 것이다".

◎1981년 교황 요한 바오로 2세의 회칙(노동하는 인간 Labrem Exercens): '새로운 사태' 반포 90주년을 맞이하여 반포한 회칙 "노동하는 인간(Laborem Excercens)"에서 교황 요한 바오로 2세는 "자본에 대한 노동의 우위가 정의로운 사회의 핵심"이라고

선언하고, 인간을 단지 생산의 도구로 환원하는 경제주의를 비판하였다. 현대 사회에서 노동자들의 정의를 위한 투쟁을 역동적인 요소로 보고, 전 세계적으로 더 큰 연대를 강조하였다. 이 회칙도 사회교리의 공통주제인 자유주의적인 자본주의를 비판하고, 집산주의적인 사회주의를 경고하였다. "오직 인간만이 노동을 할 능력이 있으며, 오직 인간만이 노동을 하며, 동시에 노동을 통하여 자신의 지상 생활을 영위하고 있다. 그래서 노동은 인간과 인간성을 나타내는 특별한 표시이며, 인격체로 이루어진 공동체 안에 움직이는 개개의 인격체를 나타내는 표시이다. 그리고 이 표시는 인간의 내면적 특성을 결정하며, 어떤 의미에서는 인간의 본질 자체를 형성한다." "가톨릭의 사회적 가르침은 노동조합들이 단지 사회의 계급 구조를 반영하는 것이라거나 불가피하게 사회 생활을 지배하는 계급 투쟁을 대변하는 것이라고는 생각하지 않는다. 노동조합들은 노동자들의 개별 직업에 따라, 참으로 노동자들의 정당한 권리와 사회정의를 위한 투쟁을 대변하는 것이다. 어떻든 이 투쟁은 정의로운 선을 위한 정당한 노력으로 인식되어야 한다. 현재의 사정으로는, 직업으로 결합된 노동자들의 요구와 그 공헌에 상응하는 선을 위한 정당한 노력이어야 하며, 다른 사람들에게 대항하는 투쟁이어서는 안된다."

◎**1991년 교황 요한 바오로 2세의 회칙(백 주년 Centesimus Annus):** 이 회칙의 배경은 새로운 사태 반포 100주년과 사회주

의 국가들인 동유럽의 급격한 변화였다. 교황 요한 바오로 2세는 "공산주의의 몰락은 자본주의의 승리인가?"라고 질문하면서 교회의 관심이 인간 자체이지 어떤 체제가 아님을 강조하였다. 즉, 어떠한 경제체제라 할지라도 경제영역 안에서 인간의 자유를 중시하고 인간됨을 보호하고 고양시키는 등 인간이 그 목적이 되는 것이 핵심이다. 교황 요한 바오로 2세는 새로운 사태를 현대적인 시각으로 재해석하면서 사유재산과 물질적 재화의 보편적 목적, 국가와 문화, 인간 등을 다루고, 신자본주의 문화의 확산이 초래하는 위험을 경고하였다. "교회는 이윤의 정당한 역할을 기업체의 번영 지표처럼 인정한다. 하나의 기업체가 이윤을 남기면, 재화의 생산방법이 적합하게 사용되었으며, 그 대상이 되는 인간욕구들이 정당하게 충족되었다는 것을 의미한다. 그러나 이윤이 기업 조건의 유일한 지표는 아니다. 그것은 윤리적 이유로서만 배척되어야 하는 것이 아니라, 기업의 경제적 효율성에도 확실히 손상을 끼칠 것이라는 것을 예측할 수 있다. 사실 기업의 목적은 이윤을 남기는 것만이 아니라, 기업체 자체가 다양한 방법으로 사람들의 기본 욕구를 충족시키려고 노력하며, 전체사회에 봉사할 특별한 집단을 형성하는 인간들의 공동체로서 존재하는 것이다. 이윤이 기업 생활의 한 가지 조절의 역할을 하지만 유일한 것은 아니며, 그 외에도 장기적으로는 기업 생활을 위하여 적어도 같은 정도로 중요한, 다른 인간적이고 윤리적인 요소들을 고려해야 한다." "진정한 민주주의는 법치 국가에서만 존재할 수 있으며, 올바른 인간관의 기초 위에 성립한다. 이것은 가장 완전한 교육과 양성을 통하여 개별적으로 모든 사람을 향상시키기 위해서 필요하거나, 참여와 공동책임 구조의 설립을 통하여 사회의 주체성에 필요한 조건들이 채워질 때에 가능하다". "국가는 독점들의 상황이 발전에 어떤 장애를 가져오거나 발전을 지연시킬 때, 자신의 권위로 개입할 권리가 있다. 그러나 국가는 발전을 조화시키고 이끌어갈 역할 이외의 특별한 상황에서는, 사회의 어떤 집단들이나 산업 계층들이 취약하거나 초기 단계에 있기 때문에 그들의 임무를 수행할 수 없을 때, 대리기능을 수행할 뿐이다. 공동선의 긴박한 사정으로 정당화되는 이 기능은 가능한 한, 사회 집단들과 산업 계층들의 고유한 임무를 계속해서 제거하지 않고, 국가의 개입 범위를 과도하게 확대하지 않으며, 시민적 자유가 침해를 당하지 않도록 정해진 시간의 한계를 두어야 한다".

◎1986년 자유의 자각 Libertatis Conscientia - 그리스도인의 자유와 해방에 관한 훈령(교황 베네딕토 16세가 교황청 신앙교리성 장관 시절 발표한 훈령): [인간노동의 가치] "인간 노동의 가치는 그가 하는 노동의 종류에 따라 좌우되는 것이 아니라, 노동을 하는 자가 바로 인간이라는 사실에 근거하고 있다. 거기서 우리는 그 요구를 간과할 수 없는 윤리적 판단기준을 가지고 있다.

그러므로 모든 인간은 노동할 권리를 가진다. 이 권리는 비극적인 실업문제의 해결에 실질적으로 투신함으로써 실천적인 방법으로 정하여야 한다. 실업이 거대한 인구, 특히 젊은이들을 한계 상황으로 몰아넣고 있다는 사실은 견딜 수 없는 일이다. 이러한 까닭에 정부는 물론 개인과 사기업이 직면해 있는 최우선의 사회적 과제는 고용의 창출이다". [참여의 증진] "임금은 하나의 단순한 상품으로서 취급될 수 없으며, 임금은 노동자와 그 가족들로 하여금 물질적, 사회적, 문화적, 정신적 질서 안에서 참으로 인간적인 생활수준에 이르도록 할 수 있는 것이어야 한다. 노동을 판단하는 기준은 다름이 아니라, 바로 인간의 존엄성이다. 노동의 형태가 어떠한 것이든, 노동자는 자기 인격의 표현으로서 노동을 할 수 있어야 한다. 여기에서부터 참여의 필요성이 흘러나오는 것이다. 노동의 결실에 대한 분배보다 훨씬 앞서는 참여는 계획과 실행과 책임의 모든 단계에서 참으로 공동체적인 차원을 포함하여야 한다". [자본에 대한 노동의 우위] "자본에 대한 노동의 우위는 고용주들에게 이윤의 증대에 앞서 노동자들의 복지를 먼저 고려해야 하는 정의의 의무를 부과한다. 고용주들은 자본을 반드시 생산에 (재)투자하여야 하며, 그 투자에 있어서 먼저 공동선을 생각해야 할 윤리적 의무를 지니고 있다. 공동선은 참으로 유익한 재화를 생산함으로써 고용을 확충하고 새로운 고용을 창출하기 위한 우선적인 노력을 요구하고 있다. 공동선에 대한 책임이 없는 사유재산의 권리란 상상할 수 없는 것이다. 사유재산권이란 재화는 모든 인간을 위한 것이라고 하는 한층 높은 원리 아래에 속해 있다".

교황 베네딕토 16세가 교황청 신앙교리성 장관을 하던 시절(요제프 라칭어 추기경)에 발표한 "자유의 자각"은 마치 2016년 대한민국의 현실과 나아갈 바를 얘기하고 있는 것 같아서 놀랍기만 하다. "실업이 거대한 인구, 특히 젊은이들을 한계 상황으로 몰아넣고 있다는 사실은 견딜 수 없는 일이다. 이러한 까닭에 정부는 물론 개인과 사기업이 직면해 있는 최우선의 사회적 과제는 고용의 창출이다"라는 부분이나, "노동의 결실에 대한 분배보다 훨씬 앞서는 참여는 계획과 실행과 책임의 모든 단계에서 참으로 공동체적인 차원을 포함하여야 한다"라거나, 기업에게는 "이윤의 증대에 앞서 노동자들의 복지를 먼저 고려해야 하는 정의의 의무를 부과한다"는 부분, 그리고 "공동선에 대한 책임이 없는 사유재산의 권리란 상상할 수 없는 것이다"라는 부분은 우리에게 많은 시사를 던져주는 내용들로서, 우리나라의 노사관계를 개선하는데 있어서 지침으로 삼아야 할 내용이라고 생각한다.

모든 제도(조직)의 근본에는 인간에 대한 존엄성이 자리 잡아야 하고, 모든 제도(조직)의 목표는 공동선을 추구하는 것이어야 하며, 모든 제도(조직)의 운영원리는 보충성의 원리에 따라야 한다. 노동과 자본은 사회적 동반자 관계를 형성하여야 하며, 이를 위해 노사 양 측간에 힘의 균형이 이루어지도록 해야 하고, 노동자는 기업의 경영에 참여하여 자기책임과 자기결정의 원리 아래에서 사측과 공동결정을 해야 하며, 사적소유의 원칙은 철저히 지켜져야 하나, 사유재산의 사용은 공동선의 원리에 입각해서 이루어지는 것이 바람직하며, 국가의 개입을 통해 사회정의를 실현하는 방법은 반드시 시장경제의 틀 안에서 이루어져야 하고, 경제는 인간을 위해 존재하는 것이지 인간이 경제를 위해 존재하는 것은 아니므로, 만인을 위한 복지가 경제의 중요한 목표가 되어야 한다. 이것이 질서자유주의자들의 생각이었고, 가톨릭교회의 사회에 대한 입장이었으며, 이를 토대로 이루어진 것이 독일의 사회적 시장경제 체제인 것이다. 이로써 사회적 시장경제는 자유방임 자본주의와 사회주의 경제체제와 뚜렷이 구분된다.

e. 알렌 강령(Das Ahlener Programm von CDU)

독일의 사회적 시장경제를 이해하기 위한 또 하나의 관점은, 현재 독일의 집권 다수당인 기독교민주연합이 1947년 3월 새로운 독일의 재건을 위해 채택했던 강령을 통해 알 수 있다. 알렌 강령(Das Ahlener Programm)은 당시 영국의 관할 점령지였던 노르트라인-베스트팔렌 주 기독교민주연합이 채택한 강령으로서 새로운 독일의 건설을 위한 경제, 사회에 관한 기본 전제로서 기존 자본주의 경제질서와는 다른 경제질서를 채택한다는 것이었는데, 이는 당시 활동하던 타 정당들, 즉 사회민주당(SPD), 기독교사회연합(CSU) 및 공산당(KPD)도 동의하는 내용이었다.

마치 마르크스 주의자들의 강령이 아닌가 하고 다시 들여다 볼 정도인데, 알렌 강령의 그 유명한 첫 문장은 이렇게 시작된다. "자본주의 경제체제는 독일 국민들의 국가체제적이고 사회적인 이해에 부합하지 않는다". 새로운 독일 국가의 사회 및 경제체제에 대해 분명하게 방향을 설정하였는데, "사회 및 경제에 관한 새로운 질서의 내용과 목적은 더 이상 자본주의적인 이익추구와 권력추구가 되어서는 안되고, 오로지 국민(인민)의 복리를 위한 것"이어야 한다고 못박고 있다. 이 강령에서는 기업집단(콘체른)의 해체, 경제적 권력의 남용을 막기 위한 반독점법의 제정, 노동자들의 공동결정, 철강 및 광산업의 국유화 등을 촉구하고 있다. 국유화라는 단어를 보면 짐작하겠지만, 알렌 강령은 반자본주의적인 입장을 견지하고 있었는데, 사회민주당도 아닌 기독교민주연합 내에서 만들어졌다는게 믿기지 않지만, 당시 종전 후 나찌의 국가독점자본주의에 대한 반감이 이러한 기류를 만들었던 것으로 보인다.

알렌 강령의 기본원리는 앞에서 살펴봤던 가톨릭교회의 사회교리에 그 뿌리가 닿아 있는데, 이후 기독교민주연합 내 노선 투쟁을 거쳐 2년 후 "뒤셀도르프 원칙(Düsseldorfer Leitsätze)"에서 반자본주의적인 시각이 수정되면서, 사회적 시장경제라는 새로운 경제질서에 합쳐지게 된다. 알렌 강령의 기본적인 시각은 독일의 노사관계, 특히 노사간 협약자치라든지 노동자의 경영참여, 그리고 공동결정제도 등에 큰 영향을 끼친 것으로 평가된다.

(2) 라인 자본주의(Rhein capitalism) 또는 이해관계자 자본주의(Stakeholder capitalism)

독일의 경제체제에 대해 라인 자본주의 또는 라인모델(Rhein Modell)이라는 표현도 많이 쓰이는데, 이때는 영미 자본주의에 대한 용어로서, 사회적 시장경제체제, 노사공동결정제도와 교섭자유주의 및 노동조합모델로 대표되는 독일 특유의 노사관계, 이미 1883년 비스마르크에 의해 도입된 의료보험제도를 시작으로 갖추어진 독일의 탄탄한 사회보험제도, 그리고 과거 초인플레이션의 경험으로부터 확립된 중앙은행의 확고한 위상 정립 등 독일의 경제체제를 특징짓는 여러 요소들을 두루 포함하는 의미로 사용된다.

미셸 알베르는 선진국의 자본주의를 영미형 자본주의와 라인형 자본주의로 구분했는데, 독일을 필두로 라인강 연안, 스위스, 네덜란드, 스칸디나비아, 그리고 문화의 차이는 있지만 일본도 라인형 자본주의로 분류한 바 있다(p. 28). 한쪽은 단기수익, 주주, 개인의 성공이 우선시 되는 영미형 자본주의이고, 한쪽은 라인형 자본주의로서, 목표를 장기적인 배려와 자본과 노동을 결합시키는 사회공동체로서의 기업이 우선이다(미셸 알베르, 1993, p. 109). 알베르는 라인형 자본주의의 사회적 우월성을 3가지로 설명하고 있는데, "1) 사회가 시민에게 주는 안정성. 즉, 주요 재해로부터 어떠한 방법으로 지켜지고 있는가. 예를 들면 병, 실업, 가정파탄 등. 2) 사회내의 불평등 시정. 가장 허용하기 힘든 차별이 어떻게 개선되고 있는가. 최하위 계층에 대한 부조의 형태와 규모 등 3) 사회의 해방. 각 시민이 사회경제적 계급상승을 위한 가능성을 조금이라도 보유하고 있는 것"이다. 알베르는 3가지 중에서 앞의 2가지 점에 있어서는 라인형 자본주의가 영미형 자본주의보다 분명히 우위에 있다고 주장하는데, 흔히 말하듯 라인형 자본주의의 사회적 우위는 경제적인 측면에서의 경쟁력을 전혀 손상시키지 않는다고 한다. 사회가 공정을 유지하는데는 돈이 들고, 공공비용으로 그것을 조달하지 않으면 안되는데, 그러나 그것이 경제를 희생시키고 있다고 생각하는 것은 오류라고 지적한다. 오히려 반대로 경쟁력과 연대의식은 양립해 나간다는 것이다(미셸 알베르, 1993, 176~177).

우리사회가 얼마나 미국사회와 닮아 있는지, 그 사회가 얼마나 현재를 위한 이익에 몰두하고 있는지, 20세기 프랑스의 최고 지성의 눈을 통해 보기 바란다. "개인의 성공을 정당화하고 승자를 신격화해 가면서 개인주의는 더욱 발전해 간다. 단기를 우선시하는 것이나, '내가 죽은 뒤에는 나는 몰라'의 심보, 주저하지 않고 남의 돈을 빌리는 경향, 이것은 모두 이 시대의 쾌락주의에 딱 들어맞는다. 도덕이나 철학에 환멸을 느끼고, 누구나 미래보다 현재의 미디어를 지향하고 있는 이 시대에 저축의 필요성이나 장기적 이익의 중요함을 간단히 가르칠 수 없다. 그리고 남는 것은 정글의 법칙일 것이다. 어쨌든 다른 법칙이나 모든 형태의 공적 규제는 모두 불신감을 받고 있기 때문이다. (중략) '이익의 최종 목표는 이익이다(!)' 목적에 관한 철학적인 의문은 사라져 버렸고, 수단에 관한 기술적인 공부에 전념하는 것이다. 그 결과 도래하는 것은 미국 자본주의의 새로운 총론이다. 즉, 이익을 위한 현재 그리고 현재를 위한 이익이다. 어떤 사고방식이 미국형 사회의 원칙에 입각하여 교육의 장에서 빈번히 가르쳐지고 있다. 즉 성공하는 것은 효율이 높고, 효율이 높은 것은 정당한 것이다"(미셸 알베르, 1993, p. 236~237).

독일교포들 사이에서는 "독일은 지겨운 천국, 한국은 즐거운 지옥"이라는 우스개 소리가 있다. 독일에서 산다는 것은, 안정감은 있지만 좀 심심하긴 하다. 이에 대한 알베르의 지적은 정확하다. 그런데 앞에서도 살펴 봤지만, 한국 사회는 미셸 알베르가 말한 미국 자본주의와 거의 판박이 수준인 것 같다. "조금 풍자적이긴 하지만 사실을 왜곡하지 않고 요약해 보자. 품질이 나쁜 쪽이 품질이 좋은 쪽을 쫓아낸다고 하는 것은 어디에서나 볼 수 있는 현상이다. 악화가 양화를 구축한다고 하는 그레샴의 법칙과 마찬가지이다. 효율이 나쁜 쪽이 효율이 높은 쪽에게 승리를 거둔다. 자동차를 예를 들면, 사람들의 이목을 끄는 것은 외관이 멋진 차로, 속의 엔진은 허술해도 좋다고 하는 것과 마찬가지다. 그리고 라인형은 효율은 훌륭하지만 매력이 부족하다는 것이다. (중략) 세계 사람들의 눈에는 라인형 자본주의가 고결, 평등, 신중, 조심스럽다고는 해도 매력이 부족한 것으로 비치고 있다. 미국의 자본주의는 거의 모든 서부극의 매력을 가지고 있다. 모험이 넘치고, 불안과 스트레스로 가득차 있지만 몰두할 만큼 재미있고, 강자를 위한 인생이 있는 것이다. 카지노 경제는 서스펜스를 낳고, 누구든지 위험을 가까이 하면서도 승자에게 박수를 보내고, 패자를 매도할 수 있다. 마치 서커스의 아슬아슬한 재주처럼 룰렛으로 내기할 수도 있다. 이 자본주의는 흥미로운 싸움에 도전하는 여러가지 이국적인 동물들로 넘치고 있다. 상어, 매, 호랑이,… 이보다 더 재미있는 것이 또 있을까. 이렇게 터무니없는 연출을 다른 누가 더 멋지게 해낼 수 있을까. 라인형 자본주의의 동물들은 의외의 행동을 하지않는 가축이다. 얼마나 비참한 일인가. 라인 국가들에서 약속된 인생은 활발할 수 있지만, 아마도 틀림없이 단조롭고 지루한 인생일 것이다. (중략) 미국의 자본주의는 정글이나 인생의 싸움이라고 하는 매우 거친 매력이 담겨 있을 뿐만 아니라, 아이들의 놀이처럼 사탕같은 장미빛 꿈, 쉽게 축적할 수 있는 재산, 갑작스럽게 다가오는 행운 등의 성공담에 있어서도 라인형의 견실하고 인내심 강한 경제의 번영과는 다른 별개의 매력이 있다"(미셸 알베르, 1993, p. 223~227).

알베르도 지적하고 있지만, 라인 자본주의의 가치관이나 사고방식에 대해서는 너무 적게 알려져 있다. 우리나라에서는 아직까지 독일

사회를 이야기하고, 독일식 사회적 시장경제를 이야기하면 곧바로 상대방의 왼쪽 눈이 의심과 의혹으로 가늘어지는 것을 느낄 수 있다. 아마 이 책을 읽고나면 좀 달라지지 않을까? 무더위에 한 줌 시원한 바람을 기대하는 마음으로 가지는 바람이다.

독일식 자본주의에서는, 기업들이 종업원들을 익명의 생산요소가 아니라 장기적인 회사의 파트너로 대한다는 생각이 강하다. 독일의 기업에서는 직업학교의 학생들을 채용해서(직업훈련생근로계약을 맺고, 정규직 급여의 20~30% 정도의 훈련생수당을 준다) 실무교육을 시키는 소위 "이원화제도(Dual System)"에 참여하는 것을 당연한 의무로 생각한다. 종업원들의 육아휴직에 대응하는 회사의 태도에서도 이런 것을 느낄 수 있다. 독일 전체의 미래에 대한 투자라고 생각하는 듯하다.

독일어로 중소기업을 KMU(kleine und mittlere Unternehmen: 영어의 SME와 같은 조어)라고 하는데, 이보다는 오히려 미텔슈탄트(Mittelstand)라는 용어를 많이 사용한다. 미텔슈탄트는 가족기업형 중소기업이라는 의미로 쓰인다. 헤르만 지몬의 "히든 챔피언"을 통해 우리에게도 널리 알려진 독일의 미텔슈탄트는 지역에서 뿌리를 박고, 대를 이어 회사를 운영한다. 그들에게는 규모를 키우는 것보다는 품질 면에서 세계최고가 되는 것이 더 중요하다. 기업의 목표가 더 크게, 더 많이 버는것이 아니라, 더 좋게, 더 오래 사업을 유지하는 것이다.

영미식의 기업지배구조(corporate governance)인 주주모델 (shareholder model)에 대한 개념으로서 독일의 기업지배구조는 이해관계자모델(stakeholder model)을 취한다고 말한다. 이해관계자란, 주주 이외에 회사와 경제적인 연관성을 가지고 회사의 영향을 받는 경제주체들을 말한다. 한때 세계화의 진전과 함께 글로벌 스탠더드로까지 인식되던 주주 모델은 주주가치 극대화 전략(주주의 재무적 이익 극대화)을 추구하며, 자본시장을 통한 자본조달, 그리고 소유와 경영의 분리로 경영효율성을 강조하는 모델이다.

반면에, 이해관계자모델은 장기적인 관계를 가지는 기업 내외부의 이해관계자들의 이익을 극대화하는 전략을 취하는데, 기업의 운영은 주주를 포함한 여러 이해관계자 전체의 이익을 의식하고 행해져야 한다는 입장이다. 이에 따르면, 기업은 사회적인 존재이며, 지속가능한 경영을 목표로 해야 한다. 단기적인 성과에 치중하면 사회적 책임과 지속가능성은 뒷전으로 밀릴 것이다. 주주들의 단기적 이익을 지나치게 추구하는 경영을 견제하기 위하여 종업원들이 회사의 경영에 어떤 방식으로든 참여해야 하는데, 가장 극단적인 형태가 독일의 공동결정제도(co-determination regime)이다. 이해관계자에는 정부와 지방자치단체, 채권자도 포함되므로, 이해관계자모델은 기업의 지배구조에 보다 광범위한 세력의 관여를 가능하게 해 준다(김화진, 2012, pp. 918 ff).

이해관계자모델에서는 단기성과 위주의 경영이 아닌 장기적 관점의 경영이 가능하고, 이해관계자들간의 이해상충(conflict of interests)이 조정되며, 주요 이해관계자로서의 주거래 은행의 경영감시가 용이하다는 장점이 있으나, 경영의 효율성은 떨어질 수 있다는 우려와 주주의 이익이 경시될 수 있다는 것이 단점으로 지적된다.

주주모델 또는 이해관계자모델 중 어느 모델을 선택하느냐에 따라 경영자의 행동을 통해 표출되는 기업의 행동과 국가의 기업정책이 달라진다. 종업원들의 입지도 달라지므로 이는 정치 프로세스에도 큰 영향을 미치는 문제이다. 이 두가지 상반된 입장은 주식회사제도가 존속하는 한 영원히 병존할 것이고, 국가, 산업, 시기에 따라 그 대립의 균형은 변화할 수 있지만, 이 두가지 생각의 대립은 인간과 사회의 본질적인 속성에 연결되기 때문에 소멸될 수 없을 것이다(김화진, 2012).

(3) 유니버설은행 시스템

독일 기업은 대체로 자본시장을 통해 자본을 조달하는 방식보다는, 전통적으로 은행차입을 통해 자본을 조달하는 방식을 택한다. 익히 알려진 독일의 강소기업들(hidden champions)의 대부분은 유한회사(GmbH) 형태의 가족기업이며, 기업공개를 통한 자본조달이 아닌 주거래 은행으로부터의 장기차입을 통한 자본조달을 선호한다.

영미식 은행과 달리, 독일(및 스위스)의 은행은 상업은행이 투자은행의 업무도 겸업할 수 있는 소위 겸업은행 시스템(universal banking system)을 취하고 있다. 상업은행이 증권거래와 중개 그리고 고객기업의 회사채 및 주식의 발행 주간사 역할까지 담당하기 때문에 그 업무범위가 매우 광범위하다. 증권업무를 함으로써 다른 회사의 주식을 보유하게 되고, 주식을 보유하게 되면 그 주식을 발행한 회사의 지배구조에 관여하게 된다(김화진, 2012, pp. 978~982). 미셸 알베르의 익살스런 말을 들어보자. "독일은행은 만능이라 불리는 직권을 갖는다. 다시 말하면 무엇이든 할 수 있는 것이다. 일반대부도 하고 저축도 받는다. 증권이나 채권시장에도 개입한다. 기업의 자금관리도 한다. 그리고 동시에 비즈니스, 컨설팅, 합병인수를 위한 자문도 하는 은행이다. 경제정보 네트워크를 관리하고, 금융, 산업에 관한 모든 정보를 기업에게 제공할 수 있다. 그 결과 고객과 장기간에 걸친 특권적인 관계를 맺을 수 있다. 상호협력 정신이 강하게 나타나는 관계이다. 시장의 대리인으로서 독일은행은 무엇보다도 기업융자를 행한다. 기업의 대부분은 주거래은행을 두고 재정문제를 담당하게 한다. 은행은 기업주에게 이렇게 말한다. 생선을 좀 더 늘려 부지런히 파세요. 금융문제는 저희에게 맡기면 안심해도 됩니다!"(미셸 알베르, 1993, p. 133).

독일의 대표적인 은행으로는 도이체방크, 코메르츠방크(2013년 드레스드너방크 합병), DZ방크, Unicredit방크(2005년 히포페어아인

스방크 합병)가 있는데, 이들은 다량의 기업 주식을 보유하고 있다. 독일의 대기업들은 대형 은행들의 지배 하에 있다고 말할 수 있으며, 따라서 독일의 은행은 기업의 주요 이해관계자로서, 단기적 이익을 목표로 하지 않고 기업과 장기적 관계를 맺으면서 실물경제에 안정적인 자금을 제공하는 주요한 역할을 담당하고, 동시에 고객기업의 감독이사회를 통해 기업의 경영을 감시하고 통제하는 역할을 하게 된다(미셸 알베르, 1993, pp. 132~134).

1987년 이코노미스트는, 독일의 상위 100개 기업 중에서 대형은행들이 주식의 10~25%를 보유하고 있는 기업은 48개, 주식의 25~30%를 보유하고 있는 기업은 43개, 그리고 나머지 9개 기업에서는 주식의 50% 이상을 보유하고 있다고 추산했다. 이처럼 독일의 주요 대기업은 사실상 대형은행에 묶여 있는 셈이고, 반대로 대형은행들 또한 대기업에 묶여 있음을 볼 수 있다. 참고로, 1995년 독일 최대 은행인 도이체방크의 연차보고서(annual report 1995)를 보면, 당시 다임러-벤츠의 지분 24.4%를 소유하고 있고, 당시 세계 최대 건설사였던 필립-홀츠만의 지분 25.8%, 당시 유럽 최대 백화점 체인이었던 칼슈타트의 지분 10%, 당시 독일 최대 타이어 제조사였던 콘티넨탈의 지분 10.1%, 그리고 독일의 2대 보험사인 알리안츠와 뮌헨재보험의 지분을 각각 10%씩 보유하고 있다. 이 지분 구조는 시간이 지남에 따라 감소 추세로 돌아서는데, 다임러-벤츠의 지분은 2.7%(2008), 필립-홀츠만의 지분은 19.6%(2000), 콘티넨탈의 지분은 8.2%(2001), 그리고 알리안츠의 지분은 1.7%(2007), 뮌헨재보험의 지분은 7.2%(2001)로 줄어든다.

1995년을 전후해서 은행들의 기업에 대한 과다한 지분 보유에 대한 문제점과 은행 및 보험사들간 상호출자의 폐단을 지적하는 목소리가 높았는데, 기업의 채권자이면서 동시에 주주인 은행들의 이해상충(Interessenkonflikt: 증권업과 자산운용업의 겸영에 따른 문제)의 문제와 공정한 시장경쟁을 저해할 정도로 막대한 영향력을 행사하는 은행들에 대한 견제의 의미를 담고 있었다(당시 사회민주당은 은행과 보험사의 기업에 대한 지분비율을 5% 이하로 제한하는 법안을 제출하기도 했다). 대형 은행들과 2대 보험사간의 상호출자도 문제로 지적되었다. 독일 최대 보험사인 알리안츠와 뮌헨재보험은 서로 25%의 지분을 보유하고 있었다. 당시 두번째로 큰 은행이었던 드레스드너방크는 이 두 보험사에 각각 10%의 지분을 보유했고, 이 두 보험사는 드레스드너방크의 지분을 직간접적으로 40% 보유하고 있었다. 그밖에 알리안츠는 도이체방크의 지분 6%, 도이체방크는 알리안츠와 뮌헨재보험에 각각 10%씩 지분을 보유하고 있었다. 이러한 상호출자 내지는 순환출자(Ringbeteiligung)는 외형상 적대적 인수를 방어하기 위한 수단이라고 말해지지만, 일본의 게이하추(계열사 시스템)와 우리나라 재벌의 행태와 유사한 측면이 있다. 독일의 은행시스템에 대한 이해를 더하기 위해 참고로 언급한 것이다. 더 이상의 논의는 필자의 능력 밖이고, 또 이 책의 주제를 넘어서는 것이므로 더 이상 논의를 진행시키지 않겠다.

금융시스템에 있어서의 이러한 특성으로 인하여, 독일에서는 증권 시장이 다른 선진국에 비해 덜 발달되어 있다. 주식을 직접 소유한 인구의 비율은, 미국이 56%, 일본이 27.7%, 영국은 23%, 스위스는 19.4%인데 반해, 독일은 겨우 7%에 불과하다. 2013년 기준으로, 독 일에는 약 4,860,000개의 회사가 등록되어 있다. 이 중에서 주식회 사의 수는 18,000개 밖에 되지 않는다. 주식회사와 유한회사를 합한 자본회사(주식합자회사 제외)의 수는 666,231개인데, 그 중에서 약 3%만이 주식회사 형태이다. 이 중 주식시장에 상장된 기업의 수는 2012년 현재 665개이다. 영국의 경우는 그 3배인 2,179개 회사, 일 본은 3,470개 회사, 중국은 3,953개 회사, 그리고 미국은 4,102개 회 사가 주식시장에 상장되어 있다. 2013년 기준으로, 독일 주식시장의 시가총액은 8,930억 유로이며, DAX 30대 기업의 총매출액은 아일랜 드, 그리스, 사이프러스와 포르투갈 4개 나라의 GDP를 모두 합한 것 보다 2배나 더 많다(Factbook Aktie, 2013, p. 41).

2. 독일의 기업지배구조 - Two-tire board system

기업지배구조(corporate governance)란, 넓게는 기업이라는 경제활동의 단위를 둘러싼 여러 이해관계자들간의 관계를 조정하는 매커니즘을 말한다. 여기에는 주주, 경영자, 종업원, 채권자 등 주체 뿐 아니라, 지역사회와 국가까지 포함된다. 다소 좁은 의미로는 주주총회와 이사회간의 권한배분 문제를 말하며, 가장 좁은 의미로는 경영자 통제 매커니즘을 가리킨다. 실무적으로는 최고경영진과 이사회간의 관계, 주주와 이사회간의 관계, 회사와 주주 및 임직원들간의 관계, 회사와 자본시장간의 관계, 그리고 회사와 사회 및 국가간의 관계 등과 같은 제반 측면을 최적의 상태로 정비함으로써 기업경영의 효율을 높이고, 기업가치를 제고하며, 분쟁을 방지하게 하는 지식과 경험의 체계로 정의할 수 있다(김화진 2012, p. 10). 때로 경영진의 사적이익 추구행위(자기거래 self-dealing)를 막기 위한 매커니즘, 다른 말로 기업의 대리인비용(agency cost)을 감소시키기 위한 장치로 한정지어 말하기도 한다. 사실 넓게 정의를 내리면, 앞에서 언급한 이해관계자 자본주의와 주주 자본주의에 관한 논의는 말할 것도 없고, II장 1절(독일의 경제체제)의 내용이 모두 기업지배구조에 관한 논의의 범주에 들어가는 것이다. 그러나 이 책의 주제가 기업지배구조가 아니므로 더 구체적으로 기술할 필요는 없겠고, 다만, 이 개념을 어디에서든 한번쯤 언급하고 넘어갈 필요가 있기에, 2절에서 기업의 의사결정기구간의 권한배분의 문제를 다루는 의미로 한정해서 쓰면서, 기업지배구조에 관한 논의를 짧게 언급하려고 한다.

기업지배구조와 관련하여 사족을 붙인다면, 독일의 노사관계를 살펴보면서 우리가 익히 알고 있는 미국식 주주 가치 중심의 경영과는 다른 이해관계자 가치 중심의 자본주의 혹은 기업경영에 대해 파악해 보고, 이를 통해 우리가 향후 어떤 가치를 중심으로 기업을 경영하고, 사회 및 제도를 운용해 나가야 할지에 대한 시사점을 얻을 수 있었으면 한다.

우리나라와 미국 기업의 경우는 일원적 이사회의 구조를 가진다. 즉, 이사회(board of directors)가 실질적으로 회사의 최고 의사결정기구가 된다. 이에 반해 독일 기업은 이원적 이사회의 구조(two-tier board system 혹은 dual board system)를 가진다. 이런 구조를 가진 국가는 독일 이외에 오스트리아, 스위스, 네덜란드가 있다. 기업의 일상적인 경영관리를 담당하는 경영이사회(managing board)와 기업의 전략적인 의사결정을 담당하며, 경영이사회를 감독하고, 그리고 경영이사회 이사에 대한 임면권한을 갖는 감독이사회(supervisory board)가 있다. 따라서 독일 기업에서는 감독이사회(Aufsichtsrat)가 경영이사회(Vorstand)의 상위기관이다.

감독이사회의 이사는 경영이사회의 이사가 될 수 없고, 경영이사회의 이사 또한 감독이사회의 이사가 될 수 없다. 따라서 감독이사회의 이사는 (종업원 대표를 제외하고는) 모두 기업 외부의 인사로 채워진다. 우리나라(미국식)의 이사회 제도와 일견 비슷하면서도 다른 부분이 있어서 독일의 기업지배구조에 대해 명확하게 이해하기 어려운 것이 사실이다. 굳이 매칭을 시켜 본다면, 독일기업의 감독이사회가 우리 식의 이사회의 역할을 하고, 독일기업의 경영이사회가 우리나라 주식회사의 경영진(CEO, COO, CFO 등)과 같은 역할을 한다고 보면 이해하기가 용이할 것도 같다. 참고로, 독일 기업에서 대표이사(CEO)는 경영이사회의 의장(또는 대변인이라는 표현도 쓴다)을 지칭한다.

　미국의 경우, 엔론 사태를 계기로 이사회의 독립성을 강화하는 방향으로 기업지배구조의 개선 요구가 높아져 대표이사(CEO)와 이사회 의장(COB)을 분리하는 것이 확대될 것으로 여겨졌으나, 2013년에 조사된 미국의 포춘지 선정 20대 기업의 경우, 겸임이 67%를 차지하는 것으로 나타났다. 미국 대기업의 경우는 겸임이 보편적이다. 이사회가 경영진의 업무집행을 감독한다는 취지를 강조한다면 양자를 분리하는 것이 더 바람직하다. 우리나라에서도 CEO와 이사회 의장을 분리하도록 해야 한다는 의견이 많으며, 은행의 경우, 1999년 이미 은행장이 이사회 의장을 겸임하도록 하는 은행법상의 관련 조항을 폐지하여 은행장과 이사회 의장을 분리할 수 있게 하는 근거가 마련된 바 있다(김화진, 2012). 2013년 상법 개정안에 상장사 중 자산 2조 원 이상의 기업의 경우, 대표이사와 이사회 의장의 겸임을 금지하는 안이 포함되었으나, 국회에서 가결되지 않았다. 올해(2016년

3월) 삼성전자와 삼성물산은 정기주총에서 대표이사(CEO)와 이사회 의장을 분리 선임하는 정관 변경 안건을 상정해 의결한 바 있다.

감독이사회에서의 의결은 법률 또는 정관에 달리 정하지 않으면, 단순 과반수로서 한다(주식법 제108조). 정관의 변경은 주주총회의 특별결의 사항으로서, 주식법에 따르면 2/3(75%)의 찬성으로 의결되나(주식법 제179조), 뒤에서 설명할 폴크스바겐법에서는 특별결의의 정족수를 4/5(80%)로 가중해서 규정하였다. 또한 생산공장의 이전 등에 관해 폴크스바겐법에서는 감독이사회에서의 결의를 통상의 과반수에서 2/3 찬성으로 규정하고 있다(폴크스바겐법 제4조2항). 뒤에서 자세히 살펴보겠다. 감독이사회는 최소한 매 분기에 한번 이상 회의를 개최하여야 한다.

3. 기업내 노동자 이해대변의 4가지 차원

우리나라의 경우와는 달리, 독일의 개별 기업에는 노동조합 (Gewerkschaft)이 없다(!). 독일에서는 노동조합이 산업별로 존재하기 때문이다. 개별 기업(또는 기업 내에 여러 사업장이 존재한다면 각 사업장)에는 노동조합이 아닌 사업장협의회(Betriebsrat)가 있을 뿐이다. 뒷 장에서 자세히 설명하겠지만, 우선 이 점을 확실히 머리에 각인시키고 나서 아래 사항을 읽어 주기 바란다.

이 부분에 대해서는 여러 책에서 그리고 유수의 세미나에서도 뒤죽박죽이 되어 설명하는 것을 많이 보았기 때문에 부연설명을 하고 넘어가겠다. 독일의 공동결정제도는 두 개의 기둥으로 구성되는데, 하나는 사업장기본법에 따라 사업장협의회에 부여된 경영참여권을 통해 이루어지고, 다른 하나는 공동결정법에 따라 노사 동수로 구성되는 감독이사회에서의 공동의사결정을 통해 이루어진다.

이 두 개의 법률(사업장기본법-공동결정법)과 두 개의 기구(사업장협의회-감독이사회)를 구별하지 않고 섞어서 설명하게 되면, 마치 독일의 공동결정제도에 관해 최소한 4가지(2x2)의 유형이 있는 것처럼 오해가 발생하게 된다. 분명하게 이해하고 넘어가야 할 부분이다. 또 한가지 구별해야 하는 사항은 사업장협의회의 역할에 관한 것이다. 사업장협의회는 대표자를 감독이사회의 이사로 참여시켜 기업의 장기적이고 전략적인 의사결정에 참여하기도 하지만, 사업장협의회 자체의 역할은 사업장기본법에 의해 명확하게 한정되어 있다.

즉, 노동자의 임금 및 노동조건 등 기본적이고 중요한 사항에 관해서는 (산별)노동조합과 사용자(또는 사용자단체)간에 이루어지는 산업별 교섭에서 관련 전문가들간에 해결하고(그와 관련된 갈등은 기업 내부로 가져오지 않고, 기업 외부에서 해결하는 시스템이다), 사업장협의회는 단체(임금)협약에서 이미 체결된 노동조건의 범위 이내에서 개별 기업의 특수성을 반영하여 경영진과 협의(사업장기본법에서 부여한 경영참여권을 통해서)하여 회사의 경영에 함께 참여하는 것이다. 구체적으로는 사업장협의회와 회사 간에 체결되는 사업장협약을 통해 규율된다. 사업장협의회와 감독이사회가 어떤 법률에 의해서 각각 규율되는지, 사업장협의회와 감독이사회 및 (산별)노동조합의 역할과 한계는 무엇인지, 그리고 사업장협약과 단체협약이 어떤 차원에서 체결되고, 어떤 내용으로 이루어지는지에 관해 명확하게 구별할 필요가 있다. 다소 복잡하지만 후술하는 내용을 따라가다 보면 점점 그 경계가 분명해지게 될 것이다.

독일기업에서 노동자의 이해를 대변하는 통로는 넓게 보면 4가지로 구분된다(Hans-Böckler-Stiftung).

(1) 사업장 차원의 이해대변: 사업장협의회(Betriebsrat)

사업장 차원에서의 종업원의 이해대변은 사업장협의회를 통해서 한다. 사업장기본법(Betriebsverfassungsgesetz) 제1조에 따라 선거권 있는 노동자가 상시적으로 5인 이상인 사업장에서는 사업장협의회(Betriebsrat)를 설립할 수 있다(사업장협의회의 설립은 의무사항이 아니다!). 이 5명 중에서 최소한 3명은 피선거권이 있는 노동자여야 한다. 이때 선거권 있는 노동자란, 만 18세 이상의 노동자를 말하며, 피선거권 있는 노동자란, 재직기간이 6개월을 경과한 노동자를 말한다(같은법 제7조 및 제8조). 사업장기본법에서는 직업훈련생도 노동자로 분류하고 있다.

> *Betriebsrat는 기업 혹은 사업장내 종업원의 사회/경제적인 이해관계를 대변하는 상설 협의체를 말한다. 대부분의 교과서에서는 경영협의회로 번역되어 있다. 그런데 경영이라는 단어 때문에 혹 사용자측의 기구라는 어감이 먼저 와 닿을 수도 있다는 것이 이 번역의 단점이다. 교과서에 따라서는 종업원평의회로 번역하기도 하는데, 영어 번역인 workers' council 의 번역이다. 개인적으로는 사업장협의회(works council)가 더 적절한 번역이라고 생각한다.

사업장기본법에 따라, 사업장협의회에는 다양한 영역(경제적 사안, 인력과 관련된 사안 및 사회적 사안)에서 정보권, 청문권, 협의권에서부터 이의제기권, 거부권과 그리고 최종적으로 가장 강력한 공동결정권까지 회사의 일상적인 운영에 참여할 수 있는 권한(경영참여권)이 부여된다.

공동결정권이 부여된 사안(같은법 제87조)에 대하여는 회사와 사업장협의회 간에 사업장협약(Betriebsvereinbarung)을 체결하게 되는데, 이를 강행적 사업장협약이라고 하여 반드시 체결하여 적용하도록 하고 있으며, 기타의 경영참여권이 부여된 사안에 대해서는 임의적 사업장협약이라고 하여 그 체결을 임의적으로 하도록 하고 있다.

사업장협의회에는 두 가지 의무가 붙어있다. 같은법 제74조 1항 내지 3항에 따라 사업장협의회는 협력의무 및 평화의무를 부담한다. 즉, 사용자와 사업장협의회는 최소 1개월에 1회 이상 면담을 가져야 하며, 논란이 되는 사안에 관하여는 합의 도출을 위하여 성실한 자세로 진지하게 협의하여야 하고, 또한 견해의 차이를 해소할 수 있는 제안을 해야 한다(같은법 제74조1항). 사용자와 사업장협의회 사이에서는 쟁의 수단의 사용이 허용되지 않는다(같은법 제74조2항1문). 사용자와 사업장협의회는 회사의 정상적인 업무를 저해하고, 사내평화를 저해하는 어떠한 행위도 하여서는 안된다(같은법 제74조2항2문). 즉, 사업장기본법에 기초한 사업장협의회는 사내에서 사용자와 협력을 기반으로 상생의 노사관계를 형성하여, 공동의 이익을 위해 함께 경영에 참여하는 것이다.

단체협약(Tarifvertrag)의 규율 대상인 임금 그 밖의 근로조건에 관한 사항은 사업장협약의 대상이 될 수 없다(같은법 제77조3항1문). 즉, 임금과 근로시간은 산업차원의 단체교섭(즉, 개별 기업의 외부에서)에서 결정된다. 다만, 단체협약에서 단체협약의 내용을 보완하는 내용의 사업장협약의 체결을 명시적으로 허용한 경우에는 예외적으로 허용된다(같은법 제77조3항2문). 노동조합을 당사자로 하는 단체협약(내용)과, 개별사업장 차원에서 사업장협의회가 기업과 협의하는 내용을 법률로써 분리시키고 있는 것이다.

사업장협의회의 설립은 의무사항이 아니다. 따라서 사업장협의회가 없는 사업장(기업)도 많다. 하지만 규모가 어느 정도 큰 기업에는 거의 예외없이 사업장협의회가 설립되어 있다고 보면 된다. 사업장협의회가 있는 기업의 노동자 비율은 전체 노동자의 약 44%이다. 그런데 사업장협의회가 있는 기업의 비율은 전체 기업의 약 10%에 불과하다. 이 통계는 대규모 사업장에 사업장협의회가 설치되어 있는 비율이 더 높다는 것을 보여준다. 2010년 자료에 따르면, 구서독지역의 종업원 500명 이상 대기업의 90% (구동독지역의 경우 85%)에 사업장협의회가 설치되어 있다. 즉, 규모가 작은 기업일수록 사업장협의회가 설치되어 있는 비율이 적고, 규모가 큰 기업일수록 설치되어 있는 비율은 아주 높다는 것을 알 수 있다(Statistisches Taschenbuch, WSI-Tarifarchiv 2016). 2010년 한스-뵈클러재단 산하 경제사회연구소(WSI)의 설문조사 결과를 보면, 사업장협의회 위원의 약 77%가 독일노총(DGB) 산하 산별노조의 조합원인 것으로 조사되었다.

요약하면, 사업장 차원에서 종업원의 이해대변은 사업장협의회(Betriebsrat)를 통해서 하게 되며, 사업장협의회에 폭넓은 경영참여권(Mitwirkungsrecht)을 부여하고 있는 법이 사업장기본법(Betriebsverfassungsgesetz)이다. 그리고 사업장협의회의 경영참여는 주로 회사와 사업장협의회간에 체결되는 사업장협약(Betriebsvereinbarung)을 통해서 구체화된다.

(2) 기업 차원의 이해대변: 감독이사회(Aufsichtsrat)

노동자의 경영참여에는 의사결정 참여, 이윤 참여 및 지분(자본) 참여의 3가지 차원이 있다. 여기서 말하는 독일의 공동결정제도(co-determination regime)는 의사결정 참여에 의한 경영참여이다.

노동자의 경영참여제도라고 한정지어서 말한다면, 독일의 공동결정제도는 사업장조직법에 기초하여 사업장협의회가 주체가 되어 행해지는 경영참여권을 통한 경영참여와 공동결정법에 따라 감독이사회에서 사용자 대표와 동수로 구성되는 노동자대표의 참여에 의해 이루어진다. 여기서는 간략하게 공동결정법이라고 했는데, 구체적으로 보면, 감독이사회를 통한 기업 차원의 공동결정을 규정하고 있는 법에는 3가지 법이 있다: 몬탄공동결정법(1951), 공동결정법(1976) 및 1/3-참여법(2004).

몬탄공동결정법은 광산채굴업 및 제철업을 주로 영위하는 상시 근

로자 1,001명 이상의 주식회사와 유한회사의 종업원 대표가 감독이
사회에 노사동수로 참여할 수 있는 근거를 마련한 법률이다. 감사회
의 구성이 노사 동수로 구성되어 있는 관계로, 경우에 따라서는 감
독이사회에서의 결의가 노사간의 첨예한 대립(Patt-Situation)으로
인하여 가부동수가 될 수도 있는데, 이의 해결을 위하여 감독이사회
에는 반드시 1명의 중립적인 인사가 포함되도록 법률로 규정하고 있
다(같은법 제4조1항). 또한 이 법률(제13조)에 따라, 감독이사회는
노동이사(Arbeitsdirektor)를 선출하여, 경영이사회의 이사로서 인사
노무업무를 전담하도록 해야 한다. 단, 이 노무이사는 노동자측 감
독이사회 이사가 반대하면 선출되지 못하고, 해임도 마찬가지이다.

공동결정법(Mitbestimmungsgestz)에 따르면, 상시 종업원이 2,000
명을 초과하는 회사(주식회사, 유한회사, 주식유한회사 및 협동조
합)에서는 감독이사회(Aufsichtsrat)의 구성을 노사 동수로 하도록
강제하고 있다. 감독이사회 이사의 수는 종업원의 수에 따라 달라진
다. 이때 노동자 대표의 일부는 그 기업이 속한 산별노조가 추천하
는 인사로 구성된다. 예를 들어, 상시 종업원이 10,000명 이하인 기
업의 감독이사회에서는 12명의 이사를 둘 수 있다(같은법 제7조1항
1호). 이 중 6명의 이사는 주주 측 인사로서 주주총회에서 선임되고,
6명의 노동자 몫 중에서 4명은 자체 종업원 중에서 그리고 2명은 노
동조합이 추천하는 인사로 선임된다(같은법 제7조2항1호). 상시 종
업원이 20,000명을 초과하는 기업의 감독이사회에서는 각각 10명의

이사를 선임할 수 있다.

감독이사회에서의 안건은 단순과반수로서 결정한다. 그런데 감독
이사회의 노사간 구성이 동수로 이루어짐으로 인해서, 의사결정시
노사 대표간 찬반양론이 첨예하게 대립될 경우가 발생할 수 있다.
이때는 2차 투표를 실시하고, 그래도 찬반 동수로 대립할 경우에 감독
이사회 의장에게 캐스팅 보트의 권한을 부여한다(같은법 제29조1항).

참고로, 감독이사회 의장과 부의장의 선출을 위해서는 투표시 전체
이사의 2/3-과반수를 필요로 하는데, 1차 투표에서 2/3의 과반수를
얻지 못할 경우, 2차 투표에서는 주주측 이사가 감독이사회 의장을,
그리고 노동자측 이사가 부의장을 선출한다. 이때는 단순과반수로
결정한다(같은법 제27조1항 및 2항). 따라서 어떤 사안에 대해 노사
대표간에 협의가 되지 않고, 의견이 첨예하게 대립할 경우에는 주주측
이사의 이해에 따라 감독이사회의 최종 결정이 내려지게 될 것이다.

상시 종업원이 2,000명 이하이면서 500명을 초과하는 기업에서는
공동결정법 대신 1/3-참여법(1/3-Beteiligungsgesetz)이 적용된다.
이에 따르면, 동 기업의 감독이사회에는 노사동수가 아닌, 1/3을 노
동자 대표로 구성하게 된다. 외국 기업이 독일의 중소기업을 인수합
병할 경우, 종업원 수가 500명을 초과하느냐 혹은 그렇지 않으냐는
것은 중요한 사항이 된다. 외국 기업의 입장에서는 낯선 독일의 공
동결정제도를 되도록이면 피해가고 싶기 때문이다.

(3) 산업안전 및 보건 차원의 이해대변: 노동안전보건위원회(Arbeits-schutzsausschuss)

보건 및 작업안전에 관한 종업원의 이해관계는 사업장 내에 설치토록 되어 있는 노동안전보건위원회(ASA)를 통해서 대변된다(노동안전을 위한 보건의, 안전전문가 및 노동안전 관리책임자에 관한 법률 제11조). 상시 종업원이 20명을 초과하는 회사에서는 노동안전보건위원회(우리 산업안전보건법의 용어에 익숙한 독자라면 산업안전보건위원회라고 번역하는 것이 더 친숙하겠다)를 의무적으로 설치해야 한다. 노동안전보건위원회(Arbeitsschutzsausschuss)는 아래의 위원으로 구성된다.

- 사용자 또는 사용자로부터 위임을 받은 (관리)자
- 사업장협의회 위원(2명)
- 산업보건의
- 노동안전 관리책임자
- 산업재해와 직업병 예방에 관한 사회법전 제7권(산업재해보험법) 제22조 규정에 따라 종업원 중에서 위촉된 자

위원회의 구성을 보면 알 수 있지만, 종업원의 보건 및 안전에 관하여 사업장협의회, 사용자 및 종업원간에 소통을 통해서 종업원의 이해가 대변되고 조정된다. 노동안전보건위원회는 분기별로 최소한 한번 이상 회의를 개최해야 한다.

사업장기본법에서 사업장협의회에게 종업원의 보건과 안전에 관해 부여한 권한은 아래와 같다.

- 제80조 1항: 재해방지를 위한 사업장협의회의 정보권에 관해 규정
- 제87조 1항: 업무상 재해 및 직업병 예방을 위한 규정, 산업재해 방지법에 따른 종업원 건강보호를 위한 규정. 이에 관해서는 사업장협의회가 공동결정권을 가진다.
- 제88조 1항: 산업재해 및 건강침해를 예방하기 위한 추가적 조치에 관해서 사업장협의회는 회사 측과 임의적 사업장협약을 체결할 수 있다.
- 제89조: 산업안전과 보건에 관해 사업장협의회는 감독권한을 가진다.

근간에 우리나라의 몇몇 기업의 공장에서 인체에 해로운 화학물질의 누출로 문제가 되었던 것이 종종 보도되곤 했다. 이와 관련해서 재판이 진행 중이라고 하는데, 회사의 안전보건 관리 실태에 대한 정보의 공개 여부가 문제되고 있다고 한다. 회사의 영업비밀에 속하는 사항이기 때문에 공개할 수 없다는 것이다. 종업원의 건강에 직결되는 문제를 종업원이 모르고 있다는 것이 우리나라 기업의 안전보건 관리실태의 민낯이다. 이것은 노동자의 이해와 직결되는 중요한 문제이므로, 향후 중요하게 다루어야 하는 사안이다. 우리나라 산재율은 독일의 1/4에 불과한데도, 사망율은 독일의 4배에 이른다

는 보도(한겨레, 2016.6.26.)가 있었는데, 우리가 이 문제에 대해 좀 더 주의를 기울여야 할 필요가 있다. 회사로부터 존중받지 못하는 종업원이 과연 회사의 이익에 기여할 수 있을까? 어려운 질문인가?

(4) 노동조합 차원의 이해대변: 노조의 사내활동가(Gewerkschaftliche Vertrauensleute)

노동조합이 노동자의 이해를 대변하기 위한 조직활동을 하는 것은 굳이 언급할 필요없이 당연한 일이지만, (독일 기업 내에는 노동조합이 설립되어 있지 않다는 사실을 기억하자) 여기서는 사업장 내에서 공동결정법과 사업장기본법이 규정하고 있는 공동결정제도를 통해 이루어지는 노동자의 이해대변을 위한 통로 이외에, 종업원의 이해대변이 노동조합의 사내활동가를 통해서도 이루어지고 있다는 정도만 언급하고자 한다. 노조의 사내활동가(직역해서 노조신임자라고도 한다)의 활동영역을 삼각형으로 표시한다면, 각각의 꼭지점에 종업원, 사업장협의회, 노동조합이 위치한다고 보면 된다. 노조의 사내활동가를 통한 이 통로는 법적으로 규정되어 있지 않다(신분상으로는 단지 종업원 중의 한 명일 뿐이다). 따라서 200명 이상의 상시 종업원을 가진 사업장의 사업장협의회에게 인정되는 전임자(사업장기본법 제37조2항 및 제38조1항) 규정은 노조의 사내활동가에게는 해당되지 않으며, 따라서 원칙적으로 노동조합의 업무를 위해 근로의 의무가 면제되지 않는다.

사업장협의회는 사업장기본법에 따라 사내 종업원의 이해를 대변하는 기구로서, 법적으로 노동조합과는 전혀 별개의 조직이다. 따라서 노동조합의 입장에서 자신들을 대변해서 사내에서 활동하는 조합원이 필요하게 되는데, 노조의 사내활동가가 이러한 역할을 맡는다. 사업장협의회 외에 사업장 내에서 종업원의 이해관계를 대변하는 통로 역할을 한다. 주로 자동차산업, 중공업 및 화학산업에 속하는 대규모 사업장에 많이 조직되어 있는 노조의 사내활동가는 사내에서 조합원에 대한 교육, 각종 정보 및 자료를 전달하는 역할을 하며, 조합원의 이해관계를 대변하는 역할, 신규 조합원의 모집 및 기존 조합원의 유지 등의 활동을 한다. 사업장협의회와는 협조적인 관계를 유지하는 것이 보통이지만, 때로는 비판적인 입장을 취하기도 하는데, 예를 들어 체결된 단체협약의 준수여부 등을 감시하는 역할을 하기도 한다. 통계를 보면, 사업장협의회 위원의 약 77%는 해당 산별 노동조합의 조합원이라고 한다. 따라서 노동조합이 지명하는 노조 사내활동가들이 주로 사업장협의회 위원으로 선출되는 경우가 많다.

4. 공동결정법(감독이사회)과 사업장기본법(사업장협의회)

공동결정법과 사업장기본법의 내용을 서술하기 전에 잠깐 언급해 둘 사항이 있다. 근로자 수를 정확하게 계산하는 것은 관련 법의 적용을 위해 결코 사소하지 않은 사안인데도 불구하고, 대학 교재나 신문, 잡지의 독일 관련 기사 등에서는 한결같이 관련 규정이 오락가락하고 있다. 2007년 출간된 졸저 "독일 노동법 실무"에서 별도로 이에 대해 설명을 했었지만, 여전히 오류가 있는 것 같다. 사실 이런 오류는 근로자 수와 관련된 규정 뿐만이 아닌데, 특히 공동결정법과 사업장기본법과 관련해서 가장 기초적인 부분에서 조차도 부정확한 내용이 여과없이 소개되고 있어서 안타깝게 생각하고 있다. 필자는 이러한 문제를 심지어 학회나 주요 연구소가 주최하는 세미나 등에서도 자주(!) 목격하였다.

종업원 수를 계산할 때는 그것을 규정하고 있는 법률이 집단적 노사관계를 규정하고 있는 법률인지 혹은 개별적 근로관계를 규정하고 있는 법률인지를 우선 구별해 보는 것이 도움이 된다. 개별적 근로관계를 규정하는 법률에서의 근로자 수는 주당 노동시간을 기준으로 정한다. 해고제한법에 따르면 상시 근로자가 10명을 초과하는 회사의 근속연수 6개월 이상인 근로자는 동법의 규정이 적용된다. 같은법 제23조1항에서 근로자 수를 산정하는 기준이 규정되어 있는데, 주당 노동시간이 20시간 이하인 단시간근로자는 0.5명으로 계산하고, 30시간 이하인 단시간근로자는 0.75명으로 계산한다. 예를 들어, 주당 노동시간이 20시간인 단시간근로자와 30시간인 단시간근로자의 경우는 근로자 수를 계산할 때, 2명이 아니라 1.25명으로 계산될 것이다. 따라서 해고제한법은 근로자가 10명을 초과하는 회사에 적용된다라고 하거나, 혹은 (표현이 좀 이상하지만) 10.25명 이상인 회사에 적용된다라고 하면 된다. 앞에서 설명한 노동안전보건위원회를 설치할 의무가 있는 회사는 상시 근로자 수가 20명을 초과하는 회사였는데, 여기도 마찬가지의 규정이 적용된다. 노동안전을 위한 보건의, 안전전문가 및 노동안전 관리책임자에 관한 법률 제11조 1문에 산정방식이 나와 있고, 민법 제622조5항에도 나와 있다.

집단적 노사관계를 규정하는 법률에서의 근로자 수는 주당 노동시간을 기준으로 하는 것이 아니라, 인원수(headcount)로 계산한다. 공동결정법이 적용되는 회사는 상시 근로자 수가 2,000명을 초과하는 주식회사, 주식합자회사, 유한회사 및 협동조합이다. 따라서 여기서는 2,000명을 초과하는 회사라고 표현하거나, 혹은 2,001명 이상의 회사라고 표현하면 될 것이다. 아래에서는 의도적으로 '몇 명 이상'이라는 표현과 '몇 명 초과'라는 표현을 섞어서 사용하였다.

(1) 공동결정법(Mitbestimmungsgesetz) - 감독이사회

독일법에 따라 설립된 기업(상시 종업원이 2,000명을 초과하는 주식회사, 주식합자회사, 유한회사및 협동조합)은 1976년 제정된 공동결정법의 적용을 받으며, 예외적으로 광산채굴업 및 철강업을 주로 영위하는 상시 종업원 1,001명을 초과하는 주식회사와 유한회사는 1951년 제정된 몬탄공동결정법의 적용을 받는다. 그리고 공동결정법(1976)의 적용을 받지 않는, 상시 근로자 501명 이상 2,000명 이하의 주식회사, 주식합자회사, 유한회사, 상호보험조합(Versicherungsvereinen auf Gegenseitigkeit) 및 협동조합의 경우에는 1/3 참여법(Drittelbeteiligungsgesetz)의 적용을 받아 감독이사회 이사의 1/3을 근로자 대표에게 할당해야 한다.

달리 말하면, 독일의 공동결정제도(co-dertermination regime)의 한 축은, "광산, 철광 및 철강산업의 감사회와 이사회에서의 노동자의 공동결정에 관한 법률(몬탄공동결정법)", "광산, 철광 및 철강산업의 감사회와 이사회에서의 노동자의 공동결정에 관한 보완 법률" 및 "근로자의 공동결정에 관한 법률(공동결정법 Mit-bestimmungsgesetz)" 그리고 3/1 참여법(Drittelbeteiligungsgesetz)의 규정에 따라 주식회사, 주식합자회사, 유한회사 및 협동조합(몬탄공동결정법은 주식회사와 유한회사만 적용)의 감독이사회를 통해 실현된다. 반복하지만, 다른 한 축은 사업장기본법에 따라 사업장협의회에게 부여한 경영참여권을 통해 사업장 차원에서 이루어진다.

공동결정법(1976)의 대상 기업은, 같은법 제1조1항에 따라, 주식회사, 주식합자회사, 유한회사 및 협동조합이다. 인적기업인 합명회사, 합자회사 등은 공동결정법의 대상에서 제외된다. 여기서 생소한 회사형태가 있는데, 주식합자회사는 주식회사의 경영이사회의 역할을 무한책임사원이 담당하는 회사 형태를 말한다. 인적회사의 요건이 들어있기는 하나, 주식합자회사는 물적회사(자본회사)이다.

아래에 주식회사와 유한회사의 근로자대표를 감독이사회 이사로 선출하도록 규정한 몬탄공동결정법(1951년/1956년)과 주식회사, 주식합자회사, 유한회사 및 협동조합을 대상으로 한 공동결정법(1976년) 및 1/3 참여법(2004)에 대해 살펴본다.

a. 몬탄공동결정법(Montan-Mitbestimmungsgesetz: 광산, 철광 및 철강산업의 감독이사회와 경영이사회에서의 노동자의 공동결정에 관한 법률

1951년 5월 21일 제정 공표된 "광산, 철광 및 철강산업의 감독이사회와 경영이사회에서의 노동자의 공동결정에 관한 법률(몬탄공동결정법)"은 광산채굴업 및 제철업을 주로 영위하는 상시 근로자 1,001명 이상의 주식회사와 유한회사의 종업원 대표가 감독이사회에 노사동수로 참여할 수 있는 근거를 마련한 법률이다. 감사회의 구성이 노사 동수로 구성되어 있는 관계로, 경우에 따라서는 감독이사회에서의 결의가 노사간의 첨예한 대립(Patt-Situation)으로 인하여 가부동수가 될 수도 있는데, 이의 해결을 위하여 감독이사회 위원에는 반드시 1명의 중립적인 인사가 포함되도록 법률로 규정하고 있다(같은법 제4조1항).

또한 이 법률(제13조)에 따라, 감독이사회는 노동이사(Arbeits-direktor)를 선출하여, 경영이사회의 정식 멤버로서 인사노무업무를 전담하도록 해야 한다. 단, 이 노동이사는 노동자측 감독이사회 이사가 반대하면 선출되지 못하며, 해임에 있어서도 마찬가지이다. 1950, 60년대에는 중요한 법률이었으나, 이후 광산업과 제철업이 퇴조한 뒤부터는 그 의미가 퇴색되었다.

b. 몬탄공동결정법 보완 법률(Montan-Mitbestimmungs-ergänzungsgesetz: 광산, 철광 및 제철산업의 감독이사회와 경영이사회에서의 노동자의 공동결정에 관한 보완 법률)

몬탄공동결정법이 시행되고 난 후, 많은 기업들이 지주회사를 따로 설립함으로써, 몬탄공동결정법의 적용(광산채굴업 및 제철업을 주로 영위하는 상시 근로자가 1,000명을 초과하는 주식회사와 유한회사)을 회피하려는 시도가 있었다. 1956년 8월 7일 공표된 "광산, 철광 및 제철산업의 감독이사회와 경영이사회에서의 근로자의 공동결정에 관한 보완 법률"은 기업들의 이러한 시도를 무력화하기 위한 것으로서, 몬탄공동결정법의 적용을 받는 기업을 지배하는 기업(지주회사)에 대해 적용된다.

c. 공동결정법(Mitbestimmungsgesetz)

1976년 5월 4일 공표되어 동년 7월 1일부터 시행된 "노동자의 공동결정에 관한 법률(공동결정법)"은 노동자대표의 감독이사회 참여에 관한 법규정을 상시 근로자 2,001명 이상의 주식회사, 주식합자회사, 유한회사 및 협동조합에 적용하도록 그 범위를 확장하였다. 우리가 흔히 말하는 독일의 공동결정법은 바로 이 법률을 말한다.

공동결정법에 따르면, 감독이사회는 이사 2/3의 찬성으로 의장과 부의장을 선출한다(같은법 제27조1항). 2/3의 찬성을 얻은 후보자가 없을 경우, 두 번째 투표에서는 주주측 이사들이 의장을 선출하고, 노동자측 이사들은 부의장을 선출한다(같은법 제27조2항). 따라서 대부분의 감독이사회에서는 주주측 인사가 감독이사회 의장이 된다. 이전의 몬탄공동결정법 및 보완 법률에서는 노사간 가부동수의 문제를 중립적인 인사의 선출로써 해결하고자 했는데, 1976년의 공동결정법에서는 그 해결책으로서, 감독이사회 의장에게 3차 투표시 2개의 의결권을 부여함으로써 캐스팅 보트의 권한을 주고 있다(같은법 제29조2항).

감독이사회 이사의 수는 근로자의 수에 따라 달라진다. 이때 근로자 대표의 일부는 그 기업이 속한 산별노조가 추천하는 인사로 구성된다. 상시 근로자 2,001명 이상 그리고 10,000명 이하의 기업은 노사 대표 각 6명의 감독이사회 이사를 두어야 한다. 10,001명 이상 그리고 20,000명 이하의 상시 근로자를 고용하고 있는 기업은 노사 대표 각 8명의 감독이사회 이사를 두어야 하며, 20,001명 이상의 상시 근로자를 고용하고 있는 기업은 노사 각 10명씩 20명의 감독이사회

이사를 두어야 한다(같은법 제7조).

참고로 노사 각 6명으로 감독이사회를 구성할 경우, 근로자 대표는 근로자 중에서 4명 그리고 노동조합측 대표 2명으로 구성해야 한다. 따라서 상시 근로자가 10,000명 이하인 기업의 감독이사회에서는 12명의 이사를 두게 되는데(같은법 제7조1항1호), 이 중 6명의 이사는 주주측 인사로 선임되고, 6명의 근로자 몫 중에서 4명은 자체 종업원 중에서 그리고 2명은 노동조합이 추천하는 인사로 선임된다(같은법 제7조2항1호). 근로자 대표가 8명(10명)인 경우, 근로자 중에서 6명(7명) 그리고 노조측 대표 2명(3명)으로 구성한다.

근로자를 대표하는 감독이사회 이사에는 반드시 고위 간부직원(leitender Angestellte)들을 대표할 최소 1인의 이사를 포함시켜야 한다(같은법 제15조1항). 공동결정법에서는 고위 간부직원을 근로자의 범위에 포함시킨 점이 특색이라 하겠다. 사업장기본법(제5조3항)에서는 고위 간부직원을 근로자의 범위에서 배제시키고 있다. 노동자측 감독이사회 이사의 선출은 종업원들이 직접 선출할 수도 있으나, 같은법 제12조에 따라 근로자의 5% 또는 종업원 50명의 서명이 있으면, 감독이사회 이사의 선출을 담당할 대의원을 선출하여 간접적으로 선출할 수도 있다.

d. 1/3 참여법(Drittelbeteiligungsgesetz)

공동결정법의 적용을 받지 않는, 상시 근로자 501명 이상 2,000명 이하의 물적회사(주식회사, 주식합자회사, 유한회사, 상호보험조합 및 협동조합)의 경우에는, 소위 1/3 참여법(Drittelbeteiligungsgesetz) 제1조 1항 1호 내지 3호에 따라 감독이사회 이사의 1/3을 노동자 대표에게 할당하도록 되어 있다. 감독이사회 이사의 1/3을 노동자대표에게 할당하고 선출하는 규정에 관해서는 원래 1952년의 사업장기본법(제76조 내지 제87a)에서 규율하고 있었으나, 2004년에 별도의 법률로 제정되었다. 2008년 기준으로 노사동수의 공동결정법이 적용된 기업은 649개 회사, 몬탄공동결정법이 적용된 기업은 30여개, 1/3 적용 기업은 1,100~1,200여개로 조사되었다.

독일의 공동결정법에 대한 보다 자세한 내용은, 독일노동조합총연맹(DGB) 산하의 한스-뵈클러 재단(Hans-Bökler-Stiftung)을 통해서 알 수 있다. 이 재단은 정부 보조금과 감독이사회의 노동자 대표가 받는 감독이사회 이사의 보수를 기부 받아서 운영되고 있는데, 주로 노동자의 공동결정을 촉진하기 위한 연구 조사와 근로자 대표 기구에 대한 자문을 담당하고 있다.

(2) 사업장기본법(Betriebsverfassungsgesetz) - 사업장협의회

사업장협의회(Betriebsrat)의 모태인 노동협의회(Arbeitsrat)에 관한 규정은 1919년 바이마르 헌법에 처음으로 명문화 되었고, 그후 1920년 2월에 노동자의 사회적 및 개인적 사안에 관한 이해관계를 대변하는 기구로서의 사업장협의회의 구성과 사업장협의회의 권리, 의무관계를 규정한 사업장협의회법(Betriebsrätegesetz)이 정식으로 제정되었다.

나치 정권하인 1934년 1월 사업장협의회법이 폐지되어, 국가 노동에 관한 법률(Gesetz zur Ordnung der nationalen Arbeit)로 대체되었으며, 이후 과도기 법률을 거쳐 1952년 1월 마침내 사업장기본법이 제정되기에 이른다. 이 사업장기본법은 1972년 대대적으로 개정된 바 있으며, 이후 수 차례의 부분적인 보완을 거쳐, 마지막으로 2001년 7월 개정되어 현재까지 시행되고 있다.

* 국내에서 출간된 경영학 및 노동법 교과서에는 Betriebsverfassungsgesetz가 거의 대부분 경영조직법으로 번역이 되어 있다. 여기서 Betrieb이라는 단어는 (개별)사업장, 사업 혹은 기업을 뜻한다. 물론 경영이라는 의미도 있다. 동사형인 betreiben은 운영하다, 기업을 경영하다의 뜻을 가진다. Verfassung의 뜻은 국민들의 권리와 의무관계를 규율한 규정 또는 공동체의 구성원이 지켜야 할 원칙적이고 기본적인 규정을 말한다. 그래서 한 국가의 헌법을 Verfassungsrecht라고 하는 것이다. 따라서 Betriebsverfassung이라는 단어는, 회사라는 이익단체의 구성원(근로자와 사용자)이 회사를 만들고, 조직해 나가면서 지켜야 할 기본적인 규정을 말하는 것이다. 애초에 이 법이 만들어졌을 당시의 명칭이 사업장협의회법(Betriebsrätegesetz)이었음을 상기하면, 이 법이 회사에서 사업장협의회를 구성하고 운영하는 방법에 관한 기본규정이라는 것을 알 수 있다. 따라서 "사업장기본법"이 더 적절한 번역으로 보인다. '기업(사업장) 내의 꼬마 헌법(Das kleine Grundgesetz der Betriebe)'이라는 별칭을 가지고 있다.

사업장기본법은 총 8장 132개의 조문으로 이루어져 있다: 제1장

(제1조~제6조)은 사업장협의회의 일반적인 설립 요건, 노동조합과 사용자 단체의 지위, 단체협약을 통한 다양한 근로자 대표기관의 구성 그리고 소규모 기업 및 개별 사업장에서의 사업장협의회의 구성 및 이 법의 적용을 받는 근로자의 범위에 대해 규정하고 있다.

제2장(제7조~제59a조)은 사업장협의회의 구성 및 위원의 선출, 의장의 선출, 사업장협의회의 해산 신청, 사업장협의회 위원의 해촉에 관한 내용, 각종 위원회의 구성, 협의회의 소집, 회사 내에 복수의 협의회가 구성되어 있을 경우의 총협의회(Gesamtbetriebsrat)의 구성 및 콘체른협의회의 구성에 대해 규정하고 있으며, 제3장(제60조~제73b조)은 미성년 근로자 및 직업훈련생의 이해관계를 대변할 대표기구의 구성에 관해 규정하고 있다.

제4장(제74조~제113조)은 사업장기본법의 핵심적인 내용으로서, 인사와 관련된 사안, 사회적인 사안 및 회사 경영에 관련된 사안에 있어서 단순한 정보권에서부터 협의권, 이의제기권, 거부권 및 강제적 공동결정권(Mitbestimmungsrecht)까지 근로자의 경영참여권(Beteiligungsrecht 혹은 Mitwirkungsrecht)에 관해 규정하고 있다 (경영참여권을 공동결정권과 혼동해서 사용하는 경우가 많은데, 사업장협의회에 부여된 경영참여권이라는 상위 개념 아래에 정보권, 협의권, 이의제기권 및 공동결정권이 있다라고 구별해야 한다).

제5장(제114조~제118조)은 해운업, 항공업 그리고 소위 경향사업

(정치, 종교, 자선, 교육, 학문, 예술 및 언론에 종사하는 사업 및 단체) 및 종교단체의 사업장협의회 구성에 적용되는 특별규정에 관해 규정하고 있고, 제6장(제119조~제121조)은 벌칙 규정에 관해, 제7장(제122조~제124조)은 법 개정에 관해 그리고 마지막 제8장(제125조~제132조)에서는 경과규정 및 부칙에 관해 규정하고 있다.

전술한 바와 같이 사업장기본법은 사업장협의회의 구성과 운영 및 권한에 관한 기본 규정이다. 사업장기본법 제1조 1항에 따라 선거권 있는 종업원이 5명 이상(이 중 3명 이상이 피선거권있는 종업원이어야 하며, 풀타임이냐 혹은 파트타임이냐의 여부는 불문한다)인 사업장에서는 사업장협의회를 설립할 수 있다. 사업장협의회의 설립은 사업장협의회 위원의 선출을 통해 이루어진다. 이때 선거권 있는 종업원은 만 18세 이상의 모든 종업원을 말하고, 피선거권있는 종업원은 근속기간이 6개월을 경과한 모든 종업원을 말한다(같은법 제7조 및 제8조).

사업장협의회의 위원 구성은 위 조건을 충족한 종업원의 수에 따라 달라진다:

- 종업원 수   5 ~   20명: 위원 1명
- 종업원 수 21 ~   50명: 위원 3명
- 종업원 수 51 ~ 100명: 위원 5명
- 종업원 수 101 ~ 200명: 위원 7명

- 종업원 수 201 ~ 400명: 위원 9명
- 종업원 수 401 ~ 700명: 위원 11명
- 종업원 수 701 ~ 1,000명: 위원 13명
- 종업원 수 1,001 ~ 1,500명: 위원 15명

(…)

- 종업원 수 7,001 ~ 9,000명: 위원 35명

종업원 수가 9,001명 이상일 경우, 위원의 수는 추가 종업원 수 3,000명 마다 2명의 위원이 추가되는 방식으로 정해진다. 소수의 성을 가진 종업원의 수에 비례하여 사업장협의회의 위원을 할당하도록 규정하고 있는 2001년 개정 사업장기본법에 따라, 3명 이상의 위원으로 구성된 사업장협의회에는 소수의 성(여성 혹은 남성)을 가진 종업원의 수에 비례하여 위원을 할당하여야 한다(같은법 제15조2항).

사업장협의회의 운영에 필요한 제반 설비와 경비는 사용자가 제공하고 부담한다. 사업장협의회 회의의 개최 빈도의 제한에 관해서는 법규정이 없다. 사업장협의회의 재량에 따라 회의를 수시로 소집할 수 있다. 사용자나 인사담당자는 사업장협의회가 명시적으로 요청할 경우에만, 회의에 참석할 수 있다. 사용자는 또한 사업장협의회 위원의 재교육(노동법 관련 교육)을 위한 비용도 부담해야 하며, 경우에 따라서는 사업장협의회가 회사를 상대로 하는 소송비용도 부담해야 한다(같은법 제40조1항).

사업장기본법 제37조 2항에 따르면, 사용자는 사업장협의회 위원이 사업장협의회의 업무를 정상적으로 수행하기 위하여 필요하다면 회사의 업무를 면제해 주어야 한다. 이를 위해 때로 근로시간 이외의 시간에 사업장협의회의 업무를 수행해야 했다면, 그 시간만큼 초과근무 수당을 지급하든지 혹은 향후 1개월 이내에 그 시간만큼 근무를 면제해 주어야 한다. 2001년 개정된 사업장기본법 제38조의 사업장협의회 전임자 규정에 따르면, 상시 근로자 200명 이상의 사업장에서 최소 1명 이상의 사업장협의회 위원은 회사의 근무가 전적으로 면제되어(상시 근로자 200명 ~ 500명: 전임자 1명, 501명 ~ 900명: 전임자 2명, …) 오로지 사업장협의회의 업무만을 수행할 수 있다(사업장협의회 전임자). 이로 인해 어떠한 급여상의 불이익도 받지 않는다.

한 회사에 최소 2개의 사업장이 있고, 각각의 사업장에 사업장협의회가 구성되어 있을 경우에는 반드시 사업장총협의회(Gesamtbetriebsrat)를 구성해야 한다. 사업장총협의회와 개개의 사업장협의회는 상하 관계에 있는 것이 아니고, 다루는 사안의 범위가 다를 뿐이다. 사업장총협의회는 전체 회사에 관한 사안 또는 최소 2개 이상의 사업장에 걸쳐있는 사안을 다루게 된다. 사업장총협의회에서의 의결권은 개별 사업장의 종업원 수에 비례해서 할당된다(제47조7항 및 8항). 사업장총협의회가 사용자와 체결하는 사업장협약을 총사업장협약(Gesamtbetriebsvereinbarung)이라고 부른다.

다수의 기업으로 구성된 그룹사에 있어서, 각 개별기업에 사업장총
협의회(혹은 개별 사업장협의회)가 구성되어 있을 경우, 그룹의 수
준에서 각 개별 기업의 근로자의 이익을 대변할 사업장협의회를 구
성할 수 있는데(의무사항은 아님), 이를 콘체른사업장협의회라 한
다. 콘체른사업장협의회는 개별 사업장협의회 또는 사업장총협의회
가 다룰 수 없는 그룹 차원의 전반적인 사안에 대해 그룹에 속한 종
업원의 이해관계를 대변한다. 콘체른사업장협의회에서의 의결권은
개별 기업의 종업원 수에 비례해서 할당된다(제55조4항에 따라 제
47조7항 및 8항). 이외에도 사업부제로 편제된 회사의 경우, 각 사업
부별로 사업부사업장협의회를 구성할 수 있고, 은행 및 보험회사의
개별 지점별로도 지점사업장협의회를 구성할 수 있으며, 뒤에서 사
례로 살펴볼 폴크스바겐의 경우, 전세계 사업장에 있는 종업원을 아
우르는 전세계사업장협의회(Weltbetriebsrat)를 구성해서 운용하고
있기도 하다.

사업장기본법은 사업장협의회의 권한과 관련하여 인사와 관련
된 사안, 사회적 사안 및 회사의 경영과 관련된 사안에 있어서 단
순한 정보권에서부터 이의제기권, 거부권 및 강제적 공동결정권
(Mitbestimmungsrecht)까지 그 경영참여권(Beteiligungsrecht 혹은
Mitwirkungsrecht)을 단계적으로 구분하여 규정하고 있다. 아래에
사업장협의회의 경영참여권(Mitwirkungsrecht)에 관해 상세하게 살
펴보기로 한다. 사업장기본법의 체제에 따르지 않고, 사업장협의회

의 경영 참여의 정도(b항에서 j항으로 갈수록 경영참여의 권한이 더 강해짐)에 따라 경영참여권을 구분하는 방식으로 기술하기로 한다.

a. 노동조합과의 관계 설정

사업장기본법 제2조 1항은 사업장협의회와 해당 사업장의 종업원의 이익을 대변하는 노동조합(관할 산별노동조합)은 단체협약을 준수하면서, 종업원과 사업장의 안녕을 위하여 서로 신뢰하고 협력할 것을 규정하고 있다. 노동조합의 위임을 받은 자는 사업장에 출입이 허용된다. 단, 사전에 사용자에게 통지를 해야 한다(같은법 제2조2항). 또한, 노동조합은 사업장협의회 위원 또는 사업장협의회가 법률상 의무에 대해 중대한 위반을 할 경우, 해당 위원의 제명 또는 사업장협의회의 해산을 노동법원에 신청할 수 있다(같은법 제23조2항). 사용자가 사업장기본법에 따른 의무를 중대하게 위반한 경우에는 사용자에게 특정 조치를 중지하거나, 혹은 특정 조치를 취하도록 명할 것을 노동법원에 신청할 수 있다(같은법 제23조3항).

또한 사업장협의회 위원의 1/4 이상이 동의하는 경우, 노동조합은 조합의 위임을 받은 자를 사업장협의회 회의에 자문 자격으로 참석시킬 수 있다(같은법 제31조). 회의는 통상적으로 근로시간 내에 행해진다. 노동조합은 종업원총회(Betriebsversammlung)에 참석할 권한도 있다(같은법 제46조). 종업원총회의 시간 및 의사일정은 적시에 서면으로 노동조합에 통보되어야 한다. 종업원총회에서는 단체협약에 관한 정책과 기타 사회정책에 관한 논의가 이루어진다(같은법 제45조).

b. 정보권

정보권(Informationsrecht)은 어떤 사안에 관하여 사업장협의회가 사용자측에 대하여, 사전에 그리고 자세하게 통지할 것을 요구할 수 있는 권한을 말한다. 같은법 제74조 1항에 따라 사업장협의회는 월 1회 이상 사용자와 회의를 통해 필요한 정보를 얻게 된다. 또한 사용자는 사업장협의회가 제80조 1항의 일반적인 과업을 수행하기 위해 필요한 정보를 제공해야 한다(제80조2항).

사용자가 아래 4가지 사항 중 한가지를 계획하고 있다면, 사용자는 이 계획에 대하여 사전에 필요한 자료와 함께 사업장협의회에 그 내용을 알리고(제90조1항), 계획하고 있는 조치들이 향후 종업원에게 미칠 영향 등에 관해 사업장협의회와 협의해야 한다(제90조2항).

- 공장 부지, 사무실 공간 및 기타 사업내 공간(휴게실, 화장실 등)의 신축, 개축 및 증축에 관한 계획
- 기자재의 도입에 관한 계획(생산기자재, 조명시설, 냉방시설 등)
- 작업 방식 및 작업공정에 관한 계획
- 작업장(환경의 변경: 작업장의 조명도, 소음, 온도, 먼지 등)에 관한 계획

사용자는 계획 중인 조치들과 그 조치들이 근로자에게 미칠 영향, 특히 작업의 방법 및 그로 인해 근로자에게 요구될(근로자가 갖춰야 할) 기능 등에 관해 사업장협의회에 사전에 통지하고, 계획의 입안시에 사업장협의회의 제안과 우려 사항을 반영할 수 있도록 사업장협의회와 협의를 해야 한다. 기본적으로 사용자의 이러한 계획은 사업장협의회에 통보하고 협의하는 절차를 거친다면, 그 시행에 있어 사업장협의회의 동의를 받을 필요없이 시행할 수 있다. 하지만, 전술한 4가지 사항이, '작업은 작업자에게 친화적인 방식으로 구성되어야 한다'는 노동과학적인 지식에 명백히 반하거나, 그러한 변경 사항으로 인해 근로자의 부담이 특별히 가중될 경우에는 사업장협의회에게 공동결정권이 부여되며(제91조), 사업장협의회는 상기 문제를 회피할 수 있는 적절한 조치를 취하게 된다. 만약 사용자와 사업장협의회 간에 이에 관한 합의가 도출되지 않는다면, 중재위원회(Einigungsstelle)가 개입하며, 중재위원회의 중재안은 양 당사자에게 구속력이 있다(제76조).

사용자는 또한 인력계획, 특히 현재와 미래의 인력수요 및 이로 인한 인사조치와 교육훈련 조치에 관해 사업장협의회에게 적시에 그리고 자세하게 문서로 알려주어야 한다(제92조1항). 채용, 직무등급의 (재)편성 및 배치전환과 같은 개별 인사조치에 관해서도 사용자는 그 실시 전에 사업장협의회에게 알려주어야 한다(제99조1항). 개별 인사조치와 관련된 사안에 주어진 권한(정보권 및 협의권)은 상시 종업원이 21명 이상인 사업장의 사업장협의회에 주어졌으나, 2001년에 새로이 개정된 사업장기본법에 따라 상시 종업원이 21명 이상인 회사의 사업장협의회에 주어지도록 변경되었다. 따라서 A 사업장에 15명의 종업원이 고용되어 있고, B 사업장에 40명의 종업원이 고용되어 있다면(각각의 사업장에는 사업장협의회가 조직되어 있다), 이전까지 이 회사의 A 사업장의 경우에는 상시 종업원 수가 20명 이하이기 때문에 직원의 채용과 관련하여 사업장협의회의 정보권과 협의권이 부인되었으나, 새 개정안에서는 A 사업장의 사업장협의회도 이 권한을 갖게 되었다. 사업장별이 아닌 회사별로 기준 종업원 수를 산정하기 때문이다.

c. 자료열람권(Recht zur Einsichtnahme)

사업장협의회는 같은법 제80조 1항의 일반적인 과업을 수행하기 위하여 필요한 경우, 언제든지 관련 자료를 열람할 수 있다(제80조2항). 이에는 임금자료도 포함된다. 사업장협의회 위원의 업무를 통해 알게된 자료에 대해서는 비밀유지의무를 부담하게 된다(제79조).

d. 감독권

사업장협의회는 종업원에게 적용되는 법률, 시행령, 재해방지규칙, 단체협약 및 사업장협약이 준수되고 있는지 여부를 감독할 권한(Kontrollrecht)을 가진다(제80조 1항). 또한 제75조 1항에 따라 모든 종업원이 법규정에 따라 동등한 대우를 받고 있는지 여부를 감독할 권한을 가진다.

e. 제안권

사업장협의회는 사업 및 사업내 종업원에게 유익한 조치에 대해서 사용자에게 제안할 권리(Vorschlagsrecht)를 가진다(제80조1항2문).

f. 청문권

사용자는 해고의 의사표시를 하기 전에 먼저 사업장협의회의 의견을 들어야 한다(청문권 Anhörungsrecht). 사용자는 해고사유도 함께 통지해야 하며, 사업장협의회의 의견을 듣지 않고 행한 해고의 의사표시는 무효이다(제102조1항). 채용, 직무등급의 (재)편성 및 배치전환과 같은 개별 인사조치에 관해서도 사용자는 그 실시 전에 사업장협의회에 그 조치들이 가져올 결과에 대해 알려주고, 의견을 들어야 한다(제99조1항).

g. 협의권

사용자는 또한 인력계획, 특히 현재와 미래의 인력수요 및 이로 인한 인사조치와 교육훈련 조치에 관해 사업장협의회에 적시에 그리고 자세하게 문서로 알려주어야 하는데, 이와 함께 필요한 조치들의 종류와 범위 그리고 예방조치들에 관해서 사업장협의회와 협의(Beratungsrecht)해야 하며(제92조1항), 인력계획의 도입과 실행에 관해 사업장협의회는 사용자에게 제안을 할 수 있다(제92조2항).

h. 이의제기권

사용자는 해고의 의사표시를 하기 전에 먼저 사업장협의회의 의견을 들어야 하는데(청문권), 사용자는 사업장협의회에 해고사유도 함께 통지해야 하며, 사업장협의회의 의견을 듣지 않고 행한 해고의 의사표시는 전술한 바와 같이 무효가 된다. 사업장협의회는 일반해고(우리 노동법에 따르면 징계해고, 통상해고 및 경영상 해고의 3가지 해고유형이 있는데, 독일의 일반해고는 우리의 통상해고와 징계해고를 포괄한다. 일반해고의 경우 당해 종업원의 근속기간에 따른 해고예고기간을 준수해야 그 해고가 유효해진다)의 경우 1주일 이내에 그리고 즉시해고(사안이 중하여 근속기간에 따른 해고예고기간을 준수할 필요없음)의 경우 3일 이내에 서면으로 사용자에게 의견을 표명할 수 있다. 이 기간 내에 의견 표명이 없을 경우, 동의한 것으로 간주된다.

사업장협의회는 일반해고의 경우, 아래의 5가지 경우에 해당할 경우에 이의제기권(Widerspruchsrecht)을 행사할 수 있다(제102조3항).

- 해고에 있어서 대상 종업원의 사회적 관점을 고려하지 않았거나, 충분히 고려하지 않은 경우(예: 부양가족, 연령, 근속기간, 맞벌이 여부, 혼인여부, 직무능력, 경력 등)
- 제95조의 해고에 관한 지침을 위반한 경우
- 해고 대상 종업원이 동일 사업장 내 다른 업무 또는 동일 회사의

다른 사업장에 계속 고용이 가능한 경우

- 감당 가능한 직업전환교육 및 직업능력향상교육 후 계속 고용될 수 있는 경우
- 변경된 근로계약조건 하에서 계속 고용될 수 있고, 또한 해고 대상 종업원이 이에 대해 동의의 의사표시를 한 경우

사업장협의회가 이의를 제기한 경우, 그와 상관없이 사용자는 해고 통지를 할 수 있는데, 다만 이때 사용자는 사업장협의회로부터 받은 의견서 사본을 해고통지서에 첨부하지 않으면 그 해고통지는 유효하지 않게 된다(제102조4항). 사업장협의회가 일반해고에 대해 이의를 제기한 상태에서 해고가 단행되었고, 또한 이에 대해 근로자가 해고 무효확인의 소를 제기하였다면, 사용자는 해당 종업원의 근로관계를 해고예고기간 종료 후부터 소송의 확정력있는 종결시까지 동일한 근로조건으로 계속해서 유지해야 하는데(제102조5항), 이것이 사업장협의회에 부여된 이의제기권의 실익이라고 하겠다. 다만, 다음의 3가지 조건에 해당하면, 사용자의 신청에 의해 법원은 가처분으로 사용자의 계속고용의 의무를 면제해 줄 수 있다(제102조5항).

- 종업원의 소 제기가 승소할 가능성이 충분하지 않거나 혹은 악의적인 것으로 보여질 경우
- 종업원의 계속고용이 사용자에게 경제적으로 감당하기 어려운 경우

●사업장협의회의 이의제기가 명백하게 근거없는 경우

i. 거부권

같은법 제99조 1항에 따라, 사용자는 채용, 직무등급의 (재)편성 및 배치전환과 같은 개별 인사조치에 관해서 그 실시 전에 사업장협의회에 이를 알려주고(정보권), 또한 그 조치들이 가져올 결과에 대해 사업장협의회의 의견을 들어야 한다(청문권). 이와 함께 사용자는 이 조치들의 실시에 앞서 사업장협의회의 동의를 받아야 하는데(제99조1항2문), 이것이 사업장협의회의 거부권(Veto-Recht)이다. 적용 대상은 전술한 정보권 항목에 자세히 기술하였다. 사업장협의회가 거부권을 행사하기 위해서는 제99조 2항에 열거되어 있는 6가지 이유 중 하나에 해당되어야 한다.

●인사조치가 법률, 시행령, 산업재해방지법, 단체협약의 규정, 사업장협약, 법원의 결정 혹은 행정명령에 반할 경우

●인사조치가 같은법 제95조(채용, 배치전환, 직무군 재편성 및 해고시의 대상 종업원 선정에 관한 지침(의 수립)은 사업장협의회의 동의를 받아야 한다)에 따른 지침을 위반한 경우

●인사조치로 인하여, 기업 내 다른 종업원이 경영상 또는 일신상의 이유로 인한 해고가 정당화될 수 없는데도 불구하고, 해고되거나 혹은 불이익을 받을 것이라는 우려가 객관적인 사실로 증명될 경우. 이때 불이익이라 함은 신규로 기간을 정하지 않은 고용을 할

경우, 동일한 자격요건을 갖춘 근로자로서 이미 기간을 정한 근로계약을 맺고 있는 근로자가 사내에 있는데도 불구하고, 기존의 기간을 정한 근로계약을 기간을 정하지 않은 근로계약으로 갱신하지 않고, 신규로 기간을 정하지 않은 근로계약을 통한 채용을 함으로써 기존 근로자가 배려되지 않는 것을 말한다.

- 인사조치 대상 종업원이 다른 경영상 또는 일신상의 정당한 이유 없이 불이익을 받을 경우
- 사용자가 같은법 제93조에 규정된 의무를 이행하지 않은 경우(제93조는 사용자가 향후 채용 예정인 공석에 대해 그 사실을 직무 내용 등과 함께 사내에 공고를 해야 할 의무를 규정한 것)
- 인사조치의 대상이 되는 신규 채용대상자(지원자) 혹은 종업원이 법규에 반하는 행동을 하거나, 혹은 같은법 제75조 1항에 명시된 규정을 중대하게 위반함으로써 사내 평화를 침해할 우려가 객관적인 사실로 증명될 경우(제75조 1항은, 사업장내 모든 구성원은 출신, 종교, 국적, 인종, 정치적 활동 및 성향, 성, 연령을 이유로 차별적 처우를 받아서는 안된다는 원칙에 대해 규정하고 있다)

사업장협의회가 거부권을 행사할 경우, 거부의 사유를 서면으로 작성하여, 사용자로부터 통지받은 날로부터 일주일 이내에 이를 사용자에게 통보해야 한다(제99조3항). 사업장협의회가 거부권을 행사하게 되면 사용자는 이를 독자적으로 시행할 수 없다. 다만, 시급한 사안의 경우, 사용자는 사업장협의회가 거부권을 행사하더라도, 이

조치의 시행을 위해 노동법원에 법원의 판결로서 사업장협의회의 동의를 대신해 줄 것을 신청할 수 있는 방법이 있다(제99조4항).

j. 공동결정권

사회적 사안에 관한 규정(제87조)은 사업장기본법의 핵심적인 내용으로서, 실질적이고 강제적인 공동결정권(Mitbestimmungsrecht)에 관한 규정이다. 아래의 사안에 대해서는 사업장협의회의 사전 동의 없이는 사용자가 단독으로 결정할 수 없다. 사업장협의회는 아래 사안의 시행에 관하여 사용자측에 사업장협약(Betriebsvereinbarung)의 체결을 요구하게 된다. 실무에 있어서 사용자는 사업장협의회와 다수의 사업장협약을 서면으로 체결하여 회사를 경영하게 된다.

- 사내 질서 및 종업원의 행태에 관한 사항(사규, 금연규정, 음주금지규정, 출입문에서의 검색규정, 주차장 사용규정, 전화 사용규정, 출입증 규정 등. 출장 및 출장비지급 규정은 이에 해당하지 않고, 단체협약에서 규율한다).
- 일일 근로시간의 시종, 휴게시간 및 주당 근로시간의 배분
- 일시적으로 통상 근로시간을 연장하거나 단축하는 경우(초과근무 등)
- 임금 지불의 시기, 장소 및 방법
- 연차유급휴가의 사용에 관한 일반원칙, 휴가계획의 수립 및 휴가의 사용시기에 관해 종업원과 합의가 도출되지 않을 경우, 그

휴가 사용시기의 확정

- 종업원의 근태 등을 감시하는 기술적 장치의 도입과 사용(CC 카메라, time stamping clock, 전화사용 data 체크장치 및 기타 관련 PC 프로그램)
- 업무상 재해 및 직업병 예방을 위한 규정 및 산업재해방지법에 따른 종업원 건강보호를 위한 규정
- 사내복지시설의 형태, 구성 및 운용에 관한 사항(기업연금기금의 적립, 사내식당, 사내 유치원 등. 그러나 사내복지시설의 도입 및 완전한 폐지는 회사가 단독으로 결정할 수 있다. 단, 제도의 완전한 폐지가 아니고, 변경하거나 축소할 경우는 제도의 구성, 운용에 해당되어 사업장협의회의 동의가 반드시 필요하다)
- 근로관계에 기초한 사원주택의 할당, 해지 및 운용규정의 결정
- 임금형태 결정에 관한 사항, 특히 임금계산원칙의 제정 및 신규 임금계산방식의 도입, 운용 및 변경에 관한 사항(보너스 규정, 13개월급여 규정, 개인성과급 산정방식 등)
- 성과급 임률의 결정 및 이와 유사한 임금형태의 도입시 임률의 결정
- (포상금이 부여되는) 사내제안제도에 관한 규정
- 자율작업팀의 운용에 관한 원칙. 여기서 자율작업팀이란, 작업팀을 만들어 자체 책임 하에 업무를 달성하도록 업무를 총체적으로 위임받은 작업단위를 말함

사회적 사안에 대해 사용자와 사업장협의회가 합의를 도출하지 못할 경우, 같은법 제76조에 규정된 중재위원회(Einigungsstelle)가 개입하여 구속력있는 결정을 내린다(제87조2항). 사용자와 사업장협의회는 사업장협약의 체결을 통해 상설 중재위원회를 둘 수도 있다. 중재위원회는 사용자와 사업장협의회가 추천한 같은 수의 위원으로 구성되며, 의장은 양측의 합의에 따른 중립적인 인사로 정한다.

k. 강제중재

같은법 제111조에 따르면, 선거권있는 종업원이 21명 이상인 기업의 경우, 사용자는 계획 중인 사업변동(Betriebsänderung)에 대해 사업장협의회에 미리 충분한 자료와 함께 통보하고, 협의해야 한다(정보권 및 협의권). 이때의 사업변동이란, 그 변동의 결과로써 전체 근로자 또는 현저하게 많은 수의 종업원에게 심대한 불이익을 초래하는 계획을 말하는 것으로서, 아래의 각 호를 말한다.

- 사업장 전체 또는 중요 사업장의 조업 제한 및 조업 중단
- 사업(장) 전체 또는 중요 사업부분의 이전
- 사업(장)의 통합(합병) 또는 분할
- 사업조직, 사업목적 또는 설비의 대대적인 변경
- 작업방식 및 생산방식의 획기적 변경

사용자는 위에 열거된 사업변동에 대해 사업장협의회와 이해조정(Interessenausgleich)을 위한 사업장협정을 맺어 이를 상호 조정해

나간다(같은법 제112조). 이해조정을 위해서는 아래의 사항에 관해 확정을 해야 한다.

- 계획 중인 사업변동 내용의 확정
- 시간적 범위(시행 시점), 인적(퇴사자 리스트) 및 물적 해당 범위의 지정
- 구조조정에 대한 사용자 측의 논거 제시
- 가능한 개별 구조조정안의 제시
- 사업변동이 근로자에게 미칠 영향(언제, 몇 명이 퇴사를 요구받을 것인가)
- 퇴사자에 대한 재교육, 재취업에 관한 계획안
- 회사에 잔류할 직원에 대한 특별지원책(재교육 등)
- 구상 중인 사회계획(Sozialplan)에 대한 개략적 설명

이해조정은 강행규정이 아니지만, 사용자는 이에 관한 합의를 도출하기 위한 노력(중재위원회를 통한 시도까지 포함하여)을 반드시 경주해야 한다(제112조2항 및 3항). 사용자가 이러한 노력을 하지 않았다면, 사업변동에 의해 해고된 근로자 또는 경제적인 불이익을 입은 근로자는 노동법원에 소송을 제기하여 사용자에게 해고제한법 제10조에 규정된 보상금(Abfindung)을 청구할 수 있다(같은법 제113조1항 내지 3항).

이해조정과 달리 사회계획(근로자가 입을 경제적 불이익을 보상하

기 위하여, 근로자간의 사회적 형평성을 고려하여 작성한 보상계획으로서 강행적 사업장협약에 해당한다)에 대한 합의는 강행적 규정사항이기 때문에, 반드시 합의를 도출해야 하며(상시 근로자 21명 이상의 기업에 적용), 양 당사자간에 합의가 도출되지 않으면, 중재위원회가 개입하여 그 결정으로서 양 당사자간의 합의를 대체한다(제112조4항, 중재시 고려해야 할 주요 내용은 제112조 5항에 규정되어 있다). 합의된 사회계획은 서면으로 작성하여, 사용자와 사업장협의회 의장이 서명한 후에야 효력이 발생한다.

사회계획은 일종의 사업장협약으로서(제112조1항), 강행적 사업장협약에 해당한다(제112조4항). 그러나 단체협약에서 규율되거나, 혹은 통상적으로 규율되는 임금 그밖의 노동조건은 사업장협약의 대상이 될 수 없다고 규정한 같은법 제77조 3항의 규정은, 사회계획에는 적용되지 않는다(제112조1항4문).

같은법 제111조 1호의 이유(사업장 전체 또는 중요 사업장의 조업 제한 및 조업 중단)로 정리해고를 할 경우, 반드시 사회계획에 관한 협정을 체결하여야 하는데, 이 경우 대상 사업장과 정리해고의 범위에 대해서는 전술한 현저히 많은 수의 근로자 기준(제111조)과는 다소 다른 기준이 적용된다(제112조).

- 상시 종업원 60명 미만인 사업장: 해고 대상자가 상시 종업원 수의 20% 이상일 경우. 단, 최소 6명 이상일 것

- 상시 종업원 60명 ~ 250명 미만인 사업장: 해고 대상자가 상시 종업원 수의 20% 이상 혹은 37명 이상일 경우
- 상시 종업원 250명 ~ 500명 미만: 해고 대상자가 상시 종업원 수의 15% 이상 혹은 60명 이상일 경우
- 상시 종업원 500명 이상: 해고 대상자가 상시 종업원 수의 10% 이상일 경우. 단, 최소 60명 이상일 것

실무적으로 기업의 구조조정을 이유로 한 정리해고가 여기에 해당된다. 이 경우 합의, 체결될 사회계획에는 일반적으로 다음의 내용이 포함된다:

- 대상 인원 및 사업장, 해고예고기간을 고려한 일정표
- 해고보상금의 산정 방법, 한도액 및 지급시기
- 해고 대상 인원의 선정 방법(Sozialauswahl)
- 기업연금, 직원에 대한 대여금, 미사용 휴가 등의 처리 방법
- 해고 직원에 대한 재취업을 위한 제반 사항(Outplacement 등)

정리해고 대상 근로자의 선정(Sozialauswahl)은 일반적으로 아래의 선정기준에 따른다.

- 연령
- 근속기간
- 부양가족의 수(자녀 수)
- 맞벌이의 여부

- 혼인 여부
- 직무능력, 학력, 경력 등

위 선정기준을 확정한 후, 이에 적정한 가중치에 따른 점수를 배정하고, 각 근로자별로 각각의 기준에 부여된 점수를 모두 합산하여, 모든 근로자의 점수 리스트를 작성한 후 대상 근로자를 심사, 선정하게 된다.

1. 경제위원회

상시 종업원이 100명을 초과하는 기업의 경우, 사업장협의회는 산하에 경제위원회(Wirtschaftsausschuss)를 둘 수 있다. 사용자는 기업의 경제적 사안에 관하여 요청받은 자료를 적시에 그리고 상세하게 경제위원회에 통보해야 한다. 경제적 사안이란, 특히 아래의 사항을 말한다(제106조3항).

- 기업의 경제적 및 재무적 상황
- 생산 및 판매 현황
- 생산 및 투자 계획
- 경영합리화 정책의 도입(새로운 IT 시스템의 도입, 비용절감정책의 도입)
- 생산 및 작업방식, 특히 새로운 작업방식의 도입(생산공정의 합리화)

- 사내 환경보호에 관한 사항
- 사업장 전부 또는 일부 사업장의 조업 제한 및 조업 중단
- 사업(장) 전체 또는 사업부분의 이전
- 기업 및 사업장의 합병 또는 분할
- 사업조직 또는 사업목적의 변경
- 감독권한의 양수(acquisition)가 포함된 기업의 인수
- 기타 종업원의 이익과 직결이 되는 조치와 계획

　회사의 회계 및 재무 자료를 이해할 수 있는 전문적인 지식이 있는 종업원을 경제위원회 위원으로 위촉함으로써, 규모가 큰 회사의 재무상황을 사업장협의회가 제대로 이해할 수 있도록 하기 위한 제도이다. 회사는 경제위원회에 위의 자료와 내용에 관해 설명을 하고, 경제위원회는 이를 사업장협의회에 알려주는 역할을 한다. 경제위원회의 위원은 사업장협의회에서 임명하며, 임기는 사업장협의회 위원의 임기와 동일하고(제107조2항1문), 사업장협의회에 의해 언제든지 면직될 수 있으며, 최소 3명에서 최대 7명까지 위원을 둘 수 있다. 경제위원회에는 최소 1명의 사업장협의회 위원이 포함되어야 한다(같은법 제107조1항). 경제위원회는 매월 1회 소집되며, 사용자 또는 그를 대리하는 자가 참석해야 한다(제108조1항 및 2항).

m. 분쟁의 조정절차 - 중재위원회의 개입

　같은법 제76조에 따르면, 사업장협의회의 경영참여권과 관련하여

사용자와 사업장협의회가 합의를 도출하지 못할 경우, 중재위원회가 개입하여 구속력 있는 결정을 내리거나 혹은 단순한 조정을 하게 된다. 사용자와 사업장협의회는 사업장협약의 체결을 통해 상설 중재위원회를 둘 수도 있다. 중재위원회는 사용자와 사업장협의회가 추천한 같은 수의 위원으로 구성되며, 의장은 양측의 합의에 따른 중립적인 인사로 하는데, 대개의 경우 관할 노동법원의 판사가 위촉된다.

사회적 사안(제87조2항) 및 제91조에 따라 공동결정권이 부여된 사안에 대해 사용자와 사업장협의회가 합의를 도출하지 못할 경우, 중재위원회가 일방의 요청에 따라 개입하여 중재를 하게 되는데, 이 경우 중재위원회의 중재안은 양 당사자가 상호 합의하여 내린 결정과 같이 구속력이 있다(같은법 제76조5항). 중재위원회의 의결은 의장을 제외한 위원의 단순과반수로 결정한다. 단순과반수에 의한 의결이 이루어지지 않을 경우, 재차 협의 후 진행되는 의결에는 의장도 표결에 참여한다(제76조3항).

그 밖의 경우에 있어서는, 양 당사자가 함께 중재위원회에 중재를 요청하게 되는데, (제87조 및 제91조의 사안이 아닌) 이 경우에 중재위원회의 결정은 단지 조정안에 지나지 않는다. 다만 양 당사자가 사전에 중재위원회의 결정에 승복하겠다고 합의한 경우 또는 사후에 양 당사자가 중재위원회의 중재안을 받아들이기로 한 경우에는, 중재위원회의 중재안이 양 당사자의 합의를 대신할 수 있다. 즉, 그 중재안은 구속력이 있게 된다(같은법 제76조6항). 사회계획에 대한 합의가 이루어지지 않을 경우, 중재위원회가 개입하여 그 결정으로서 양 당사자간의 합의를 대체하는 것은 전술한 바와 같다(제112조4항).

5. 단체협약, 사업장협약, 그리고 사업장 일자리동맹

 아래에서는 단체협약과 사업장협약에 대해 설명하는 것과 함께 소
위 "사업장 일자리동맹(Betriebliche Bündnisse für Arbeit: BBfA)"
에 대해서도 살펴 보기로 한다. 1990년대에 활발히 논의되었던 일자
리동맹은 법적 근거가 없었기 때문에 많은 논란을 불러 일으켰는데,
그럼에도 불구하고 이 논란을 둘러싼 노사 그리고 정치권의 대응을
통해 독일의 노사관계에 대한 이해의 폭을 넓힐 수 있고, 우리에게
주는 시사점이 있으므로 아래에 함께 살펴보기로 한다.

(1) 단체협약

 노동자의 노동조건을 유지, 개선하고, 노동자의 사회, 경제적인 지
위를 향상시키기 위한 직접적 수단으로서의 단체협약(Tarifvertrag)
의 체결은 집단적 노사관계의 핵심적인 부분이다. 단체협약을 체
결할 수 있는 법률상의 능력을 협약체결능력(Tariffähigkeit)이라고
하는데, 이러한 협약체결능력을 가진 단체교섭(Tarifverhandlung)
의 당사자는 산별노조와 사용자이다. 이때 사용자는 사용자단체
가 될 수도 있고(지역산업단체협약은 이렇게 체결된다), 때로는
개별 기업의 사용자가 직접 당사자로서 단체협약(기업단체협약
(Haustarifvertrag/Firmentarifvertrag)은 이렇게 체결된다)을 체결할
수도 있다(단체협약법 제2조1항). 개별기업의 사용자가 산별노조와
직접 교섭하여 단체협약을 체결하는 대표적인 케이스가 바로 폴크

스바겐이다. 지역 및 산업별로 체결하는 단체협약의 독일어명은 흔하게 Flächentarifvertrag이라고 하는데, Branchentarifvertrag이라고도 부른다. 두 개념을 뭉뚱거려서 "지역산업단체협약"이라고 번역하기로 한다.

독일의 단체협약과 관련해서 가장 뜨거운 주제인 협약자치(Tarifautonomie)를 둘러싼 문제를 먼저 살펴보자(Thomas Blanke, 2014). 협약자치와 관련해서는, 협약탈피(die Flucht aus dem Tarifvertrag), 균등대우의 원칙(Gleichbehandlungsgrundsatz), 단일협약의 원칙(Prinzip der Tarifeinheit) 및 직종별노조(Spartengewerkschaften)의 문제가 연결되어 있고, 후술할 사업장 일자리동맹과도 관련되어 있는 주제이다. 좀 더 멀리는 사회적 연대(gesellschaftliche Solidarität)의 문제와도 연결되어 있기도 하다.

협약자치는 결사의 자유를 보장한 헌법 제9조에 근거를 두고 있다. 헌법 제9조 3항에 따르면, "노동조건 및 경제조건을 유지, 향상시키기 위해 단체를 결성하는 권리는 모든 개인에게 그리고 모든 직업에 대하여 보장된다. 이 권리를 제한하거나, 방해하려고 하는 합의는 무효이며, 이를 목적으로 하는 조치는 위법하다. 제1문에 따라 노동조건 및 경제조건을 유지, 향상시키기 위한 목적으로 결성된 단체에 의해 행해진 쟁의행위에 대해서는 헌법상 긴급조치(§12a. §35②및 ③. §87a④, §91)가 행해져서는 아니된다". 즉, 헌법 제9조에 따라 단결권, 협약자치 및 파업권이 헌법상 보장되는 권리로 해석되어진다. 이 협약자치의 원칙에 따라 누구라도 노동조합을 결성하여, 노동조건 및 경제조건을 유지, 향상시킬 목적으로 단체협약을 체결할 권리가 헌법상 보장되는 것이다.

또한 단체협약법(Tarifvertragsgesetz) 제3조 1항에 따르면, "단체협약의 당사자의 구성원 및 그 자신이 단체협약의 당자자인 사용자는 단체협약의 적용을 받는다". 여기서 단체협약의 당사자의 구성원이라 함은, 노동조합의 조합원과 사용자단체의 구성원인 사용자를 말하므로, 이 단체협약은 지역산업단체협약을 말하고, 후문은 개별사용자가 노동조합과 체결한 기업단체협약을 말한다. 이 조항에 따르면 누구나 단체협약을 체결하여 그 협약의 적용을 받을 수 있게 된다. 즉, 헌법 제9조 3항의 협약자치와 단체협약법 제3조에 따라, 하나의 사업에서 누구나, 어떤 직업이라도 단체를 결성하여 유효한 단체협약을 체결할 수 있는 것이다.

단체협약의 체결과 관련해서는 명문의 법규정은 따로 없으나, 연방노동법원의 판례, 즉 법관법(Richterrecht)에 의해 확립된 원칙이 "하나의 사업에는 하나의 단체협약이 적용(Ein Betrieb, ein Tarifvertrag)"된다는 것이다. 이것이 소위 단일협약의 원칙(Grundsatz der Tarifeinheit)이다. 단일협약의 원칙에 따르면 하나의 근로관계와 하나의 사업에는 하나의 단체협약만이 적용되어야 한다. 그러나 하나의 근로관계에 다수의 단체협약이 체결되어 있거나 (협약경합 Tarifkokurrenz), 하나의 사업에 다수의 단체협약이 체결되어 있을 수 있는데(협약병존 Tarifpluralität), 이는 헌법이 보장하고 있는 협약자치의 원칙 때문이다. 경우에 따라서는 사용자가 두 개의 노조와 각각 단체협약을 체결함으로써 한 사업에 2개의 단체협약이 존재(협약병존)할 수도 있고, 또는 기업단체협약(Haustarifvertrag)을 체결한 가운데, 일반적구속력이 선언되어 또 하나의 지역산업단체협약이 적용되는 경우(협약경합)가 생길 수 있다. 협약경합의 경우에는 하나의 근로관계에 어떤 단체협약의 규범적 부분이 적용되어야 하는지에 대해 판단이 필요하지만, 협약병존의 경우에는 각각의 조합원에게 다른 단체협약을 적용하면 되는 것이지, 이것까지 판단에 따라 단일협약의 원칙을 적용하는 것은 헌법이 보장하는 협약자치의 한계를 넘는 것이라는 것이 학계의 판단이었다.

2010년 연방노동법원이 2개의 결정을 통해 단일협약의 원칙을 파기하였다. 이에 따라 대표적인 직종별노조인 마부르거연맹(Marburger Bund)이 체결한 단체협약이, DGB 산하 산별노조인 공공서비스노조(ver.di)와 체결한 단체협약과 함께 동일한 사업(병원)에서 유효한 단체협약으로 적용받게 되었다. 복잡한 논의를 짧게 요약하면, 2010년 7월 연방노동법원(Bundesarbeitsgericht)은 협약병존에 대해서는 기본 판례(즉, 단일협약원칙)를 포기한다는 결정을 내린다. 이에 따라 마부르거연맹이 병원과 체결한 단체협약은, 공공서비스노조(ver.di)가 병원과 체결한 단체협약과 함께 유효한 것으로 인정되었고, 이것이 단일협약원칙과 법적 안정성 및 명확성을 저해한다는 이유로 독일노총(DBG)과 독일 연방사용자단체연합(BDA)은 한 목소리로 단일협약을 위한 법개정을 요구하게 되었다. 이에 따라 2015년 7월 기존 단체협약법에 새로운 조항을 신설(제4a조)함으로써 이 논란은 일단락되었고, 단일협약의 원칙이 다시 유효하게 되었다.

새로이 개정된 단체협약법 제4a조(단체협약의 충돌)에 따르면, 단체협약이 충돌할 경우, 충돌되는 단체협약 중에서 마지막의 단체협약이 체결되는 시점에 해당 사업에서 가장 많은 조합원을 가진 노동조합의 단체협약이 해당 사업에 적용된다(1항). 이에 따라 사용자(단체)는 어느 노동조합과 협약 체결을 위한 교섭을 개시할 경우, 이를 적시에 그리고 적절한 방식으로 알려야 한다(5항). 즉, 독일노총(DGB)과 연방사용자단체연합(BDA)이 줄곧 주장해 왔던 다수의 원칙(Mehrheitsprinzip)이 관철되었던 것이다.

개정 법조항에 대해서는 직종별노조의 헌법소원이 여러 건 제기되었다. 다수의 원칙에 따라 가장 많은 조합원이 체결한 단체협약을 그 사업의 단일한 단체협약으로 한다면, 단체협약의 (상대적) 평화의무에 따라 단체협약의 유효기간 동안에는 단체협약에 이미 규정된 사안에 대해서는 파업권이 금지되므로, 소수 노동조합은 파업권을 제한받게 된다. 이러한 상황에서 소수노조는 생존력을 잃게 되고 (누가 그 노조의 조합원이 되려고 하겠는가?), 다수노조는 경쟁이 없는 독점의 지위를 얻게 된다. 그런데 이것은 헌법이 보장하고 있는 (헌법 제9조3항) 단결권 및 파업권을 제한하는 것이므로 위법한 것이다. 사용자단체연합의 입장에서는 노동조합의 파업권을 제한할 수 있고, 독일노총의 입장에서는 지금까지 누렸던 단체협약체결상의 독점적 지위를 계속 유지할 수 있기 때문에 개정법에 대해 만족이지만, 소수노조(여기서는 직종별노조)의 입장에서는 조합원의 권리가 제한되고, 더구나 90% 이상의 조직률을 가진 노조(마부르거연맹)가 그보다 훨씬 조직률이 낮은 노조의 영향 아래 놓이게 되는 상황 때문에 쉽게 승복하기 어려운 입장이다. 향후 어떤 식으로 결말이 날지 지켜볼 일이다.

전후 단체협약정책과 관련해서 독일 산업계가 원칙으로 삼고 있는 것은 "하나의 사업에 하나의 노동조합과 하나의 단체협약(ein Betrieb, eine Gewerkschaft, ein Tarifvertrag)"이었다. 이는 당연하지만 노사간의 분쟁을 가능한 한 줄이기 위한 원칙인 것은 말할 것도 없다. 전술한 바와 같이, 독일에서는 기업별 노동조합 체제가 아니기 때문에 이 원칙이 말하는 의미는, 하나의 사업장에 하나의 노동조합이 존재해야 한다는 의미가 아니라, 하나의 노동조합과 교섭하여 하나의 단체협약을 체결한다는 의미이다.

독일식 노동조합모델은 산업별단체구성의 원칙(Industrie-verbandsprinzip)에 따라 구성되어 있다. 산업별단체구성의 원칙이란, 직업별이 아닌 산업별로 노동자와 사용자 조직이 구성되는 것을 말한다(기타 직종별노조에 대해서는 후술). 독일의 경우, 이 원칙에 따라 거의 대부분의 노동조합과 사용자단체가 산업별로 조직되어 있다. 예를 들어 니더작센 주 금속노조(IG Metall)와 니더작센 주 금속산업 사용자단체(Gesamtmetall)가 니더작센 주의 금속산업(금속 및 전기전자산업)에서의 단체협약 체결의 당사자가 된다. 경우에 따라서는 지역적으로 인근한 여러 주의 산별노조와 사용자단체가 공동으로 단체협약을 체결하기도 한다. 2015년 12월 현재 유효한 단체협약의 수는 자그마치 71,906개이다. 이 중에서 지역산업단체협약(Flächentarifvertrag)은 30,171개이고, 기업단체협약(Haustarifvertrag)은 41,735개이다.

얼핏보면 독일에서는 기업단체협약이 더 일반적일 것 같지만, 그렇지 않다. 세부적으로 비교해 보아야 한다(Statistisches Taschenbuch 2016, WSI-Tarifarchiv). 2014년 기준으로 단체협약의 적용을 받는 기업을 협약별로 구분해 보면, 지역산업단협을 체결한 기업은 전체의 28%, 기업단협을 체결한 기업은 전체의 3%, 그리고 협약을 체결하지 않은 기업은 전체의 69%이다. 지역산업단협을 체결한 기업이 기업단협을 체결한 기업보다 훨씬 많다. 참고로, 협약을 체결하지 않은 기업 중에서 약 44%는 단체협약의 구속력범위에는 들어있지 않지만 해당 지역산업단협의 기준을 대체로 적용하고 있기 때문에, 단정적으로 전체 기업의 69%가 협약을 체결하고 있지 않다고 말하기는 어렵다. 눈에 띄는 점은 첨단분야인 정보통신 분야 기업의 약 92%가 단체협약을 체결하고 있지 않다는 점이다. 그 중에서 약 24%만이 해당 지역산업단협의 기준을 적용하고 있을 뿐이다. 또한 2014년 기준으로 단체협약의 적용을 받는 종업원을 협약별로 구분해 보면, 지역산업단협을 적용받고 있는 종업원은 전체의 50%, 기업단협의 적용을 받는 종업원은 전체의 8%, 그리고 단체협약의 적용을 받지 않는 종업원은 전체의 42%(이 중에서 약 51%는 지역산업단협의 기준을 대체로 적용받고 있음)이다. 지역산업단협을 체결한 기업 수는 적은데 반하여, 적용받는 종업원 수가 상대적으로 많은 것으로 미루어 보아서, 규모가 큰 기업일 수록 지역산업단협을 더 많이 체결하는 것을 알 수 있다.

지역산업단협과 기업단협의 적용을 받는 종업원 수의 연도별 추이를 살펴보는 것도 판단에 도움이 될 듯 하다. 구서독지역과 구동독지역별로 나누어서 연도별 추이를 파악했는데, 구서독 지역을 먼저 보면, 1998년 68%-8%(지역산업단협-기업단협), 2003년 62%-8%, 2008년 55%-8%, 2011년 54%-7%, 2014년 54%-7%로 파악되었다. 구동독지역은, 1998년 51%-12%, 2003년 43%-11%, 2008년 40%-12%, 2011년 37%-12%, 2014년 36%-11%로 파악되었다.

또한 기업단협을 체결한 기업 수의 연도별 추이를 보면, 1992년에 3,600개 이던 것이 2000년에는 6,415개, 2005년에는 9,162개, 그리고 2015년에는 10,879개 회사로 점점 증가한 것을 볼 수 있다. 2002~2014년 기간에 구서독지역 기업의 약 2~3%가, 그리고 구동독지역 기업의 약 3~5%가 기업단협의 적용을 받고 있다. 이제 지역산업단협과 기업단협의 비중을 가늠해 볼 수 있을 것이다. 일반적구속력이 선언된 협약은 2014년말 현재 491개이다. 2015년 한 해에 새로 체결된 단체협약의 수는 총 5,574개에 달하며, 이 중에서 지역산업단체협약은 2,000개이고, 기업단체협약은 3,574개이다.

단체협약의 종류를 간략히 살펴보자. 지역산업단체협약과 기업단체협약에 관해서는 전술하였고, 여기서는 포괄단체협약에 대해 설명하고자 한다. 포괄단체협약(Manteltarifvertrag 혹은 Rahmentarifvertrag)은 노동시간, 연차휴가일, 해고예고기간 등 일반적인 노동조건에 관해 규율하는 협약으로서 임금단체협약(Lohntarifvertrag)보다 유효기간이 대체로 길다. 통상적으로 단체협약을 체결하면 포괄단체협약과 임금단체협약 두 개를 동시에 체결한다. 따라서 포괄단체협약에서는 일반적인 노동조건을 규율하고, 임금단체협약에서는 임금에 관하여 구체적으로 규정하게 된다. 임금협약에서는 각 직무를 구체적으로 묘사하고, 각 직무등급에 따른 임금액을 책정한다. 단체협약의 유효기간은 대개 12개월, 18개월 및 24개월이다. 포괄단체협약은 대부분 24개월, 그리고 임금단체협약의 유효기간은 12개월이다.

단체협약의 규범적 부분(normativer Teil)은 개별적 노사관계에 대하여 직접적(unmittelbar), 강행적(zwingend) 효력을 갖는다(단체협약법 제4조1항 및 2항). 직접적 효력이란 구속력있는 당사자에게 비록 개별 근로계약에 단체협약의 규정이 적용된다라는 약정이 없더라도, 법률과 같이 직접적으로 효력을 미치는 것을 말한다(개별 근로계약에 새 규정을 만들어서 시행할 필요없이 그 자체로서 법률과 같이 효력을 발휘함). 강행적 효력이란 단체협약의 약정에 반하는 개별 근로계약의 조항을 무효로 하는 효력을 말한다. 같은법 제4조 4항에 따라, 이미 성립한 단체협약상의 권리는 양 당사자간 합의된 조정(예: 노동법원에서의 조정)에 의해서만 취소 가능할 뿐이며, 또한 근로자가 단체협약상의 권리를 포기하는 것은 인정되지 않는다.

단체협약의 효력은 원칙적으로 협약 체결의 당사자인 사용자단체에 가입한 사용자와 산별노조에 가입된 노동자(조합원), 그리고 기업별단체협약을 체결한 경우 그 협약의 당사자인 개별 사용자에게만 미친다(구속력범위 Tarifgebundenheit) (단체협약법 제3조). 하지만 실무에서는 노동조합에 가입하지 아니한 노동자에게도 적용하는 것이 일반적이다. 즉, 사용자는 체결된 단체협약을 회사 전체의 종업원에게 적용시키는 것이다. 실무적으로 노동조합에 가입된 노동자만을 별도로 파악하여 적용시키기 어렵기 때문이기도 하지만, 이렇게 모든 종업원에게 적용시킴으로써 사용자 입장에서는 종업원이 단지 단체협약의 유리한 조건만을 적용받을 목적으로 노동조합

에 가입하는 것을 방지하는 간접적인 효과도 있다. 같은법 제3조 2
항에 따르면, 사업장내의 사안 및 사업장기본법상의 사안에 관한 단
체협약의 법규범(규범적 부분, 즉 근로조건이나 그밖에 근로자의 대
우에 관한 기준을 말함)은 협약의 당사자인 사용자의 모든 사업장에
적용된다고 하여, 그 사업장에 속한 종업원이 단체협약의 한 당사자
인 노동조합에 가입되어 있는지의 여부와 상관없이, 다만 사용자가
구속력범위에 속하는 것만으로도 종업원 또한 구속력범위에 속하는
것으로 규정하고 있다.

일반적으로 아래의 경우에 그 회사는 해당 단체협약의 적용을 받는다.

- 사용자와 근로자가 단체협약을 체결한 사용자단체와 노동조합
  에 가입한 경우
- 개별 사용자가 노동조합과 개별적으로 단체협약을 체결한 경우
  (기업별 교섭)
- 사용자와 근로자가 개별 근로계약을 통해 단체협약의 적용을 약
  정했을 경우
- 연방 혹은 주 경제사회장관에 의해 일반적구속력이 결정된 경우

근로계약상의 최저기준을 설정한 단체협약의 내용으로 인하여, 동
일한 지역 혹은 산업 내에서 단체협약의 적용을 받지 않는 사용자는
적용을 받는 사용자에 비해 인건비 등 비용적인 측면에서 유리한 입
장에 놓이게 되는 경우가 생기게 된다. 단체협약의 적용을 받지 않

는 사용자는 채용시 단체협약상의 최저기준 이하로 고용하는 것이 가능하기 때문이다. 이러한 사용자간의 공평하지 않은 경쟁을 방지하고, 나아가 그로 인하여 최저조건 이하로 고용됨으로써 생기는 근로자의 불이익을 사전에 예방하기 위하여 '일반적구속력 선언(Allgemeinverbindlichkeitserklärung)'이라는 제도가 도입되었다.

같은법 제5조에 보면, 일반적구속력은 단체협약의 한 당사자의 신청(직권에 의한 것이 아님)에 의해 연방 경제사회부 장관(같은법 제5조 6항에 따라 주 경제장관에게 위임 가능)이 그 적용을 결정한다. 이를 위한 전제조건은,

- 효력범위(räumlicher Geltungsbereich) 내의 전체 근로자의 최소 50%가 단체협약의 구속력의 범위에 속하는 회사들(단체협약의 적용을 받는 회사들)에 고용되어 있을 것, 그리고
- 일반적구속력 선언이 일반 공중의 이익에 부합한다고 판단될 것.

일반적구속력의 결과로, 이제는 단체협약의 법규범이 직접적, 강행적으로 지역적 효력범위 내의 모든 근로자에게 적용된다. 단체협약의 일반적구속력은 아래의 경우에 종료된다:

- 해당 관청의 판단에 의해 선언이 취소될 때(공중의 이익에 반한다고 판단될 때)
- 기간을 두고 일반적구속력이 선언되었을 경우, 그 기간이 종료

되었을 때

• 단체협약이 종료되었을 때

단체협약이 체결되었을 경우, 같은법 제6조에 따라 연방 경제사회부 혹은 각 주 경제부에 비치된 단체협약등록부(Tarifregister)에 등재해야 한다. 이 등록부에는 단체협약의 체결, 취소 및 일반적구속력 선언의 시작과 종료에 대한 사항이 기재되어 있다. 일반적구속력이 선언된 단체협약 리스트는 인터넷으로 열람이 가능하다.

단체협약은 노동자들을 보호하기 위하여 근로조건의 최저 기준을 정한 것이기 때문에, 만약 개별 근로계약 또는 사업장협약이 단체협약의 기준보다 더 유리한 조건을 규정하고 있다면, 이 경우에는 단체협약의 규범적 효력이 미치지 않는다. 이를 유리의 원칙(Günstigkeitsprinzip) 또는 유리조건우선의 원칙이라고 하는데, 독일에서는 우리와 달리 단체협약법 제4조 3항에 이를 명시적으로 규정하고 있다. 이는 개별근로계약과 사업장협약간에도 적용된다.

우리 근로기준법에 따르면, 근로기준법보다 개별 근로계약이 근로자에게 유리하면 근로계약이 우선 적용되고, 취업규칙보다 근로계약이 근로자에게 유리하면 근로계약이 우선 적용된다(근로기준법 제15조 및 제97조). 이 유리의 원칙은 노동법 특유의 원칙이다. 그러나 노동조합 및 노동관계조정법(이하 노조법)은 단체협약에 '위반하는' 근로계약이나 취업규칙에 대하여 규범적 효력을 미친다고 규정

(같은법 제33조)하고 있을 뿐, 독일과 달리 유리의 원칙을 허용하는 명시적인 조항을 두고 있지는 않다. 따라서 단체협약이 정하는 기준이 최저기준인지 혹은 최고기준(절대기준)인지에 관하여 학자 간에 견해가 엇갈리고 있다. 또한 유리의 원칙을 정면으로 다룬 판례는 없으나, 근로조건을 불리하게 변경하는 단체협약의 규범적 효력에 관한 판례에서, "근로조건을 불리하게 변경하는 단체협약의 내용이 현저히 합리성을 결하여 노동조합의 목적을 벗어난 것으로 볼 수 있는 등 특별한 사정이 없는 이상 이를 무효로 볼 수 없고 규범적 효력을 가진다"고 판시하여, 협약자치의 원칙상 근로조건을 불리하게 변경하는 내용의 단체협약도 원칙적으로 유효하고, 다만 특별한 사정이 있는 경우(즉, 현저히 합리성을 결하여 노동조합의 목적을 벗어난 것으로 볼 수 있는 경우)에 한하여 그 효력이 부정된다고 판시하고 있을 뿐이다. 참고로 단체협약의 규범적 효력이란, 강행적 효력과 보충적 효력을 합한 것으로서, 단체협약의 적용을 받는 근로자에게 단체협약과 취업규칙 및 근로계약의 기준이 서로 다른 경우에 단체협약이 우선적으로 적용되는 효력을 말한다. 우리 노동법에서는 근로계약이나 취업규칙이 단체협약보다 근로자에게 유리하더라도 단체협약이 규범적 효력을 미쳐 우선 적용되기 때문에 단체협약보다 더 나은 근로조건을 규정하고 있는 개별 근로계약이 단체협약에 우선할 수 없으나, 독일은 유리의 원칙이 적용되기 때문에 개별근로계약이 단협에 우선할 수 있다.

단체협약탈퍼의 문제와 관련하여, 어떤 경우에 단체협약으로부터 탈퇴가 가능한지 간략하게 살펴보자. 단체협약에 가입된 경우, 노사 양측은 소위 평화의무(relative Friedenspflicht)에 따라 단체협약의 유효기간 중에는 쟁의행위 또는 직장폐쇄 등의 쟁의수단으로부터 자유롭다는 이점이 있다. 물론 단체협약에 규정되어 있지 않은 사안에 대해서는 쟁의행위라는 수단의 선택이 금지되어 있지는 않기 때문에 100% 자유롭다고 할 수는 없을 것이다. 평화의무란 단체협약이 유효한 기간동안에는 쟁의행위를 해서는 안된다는 의무를 말한다. 이러한 이점에도 불구하고, 중소기업의 경우, 단체협약상의 임금 수준 및 근로기준을 감당하지 못하여 기존에 체결된 단체협약으로부터 탈퇴하고자 하는 경우를 상정해 볼 수 있다. 아래의 두 가지 경우에 단체협약으로부터 탈퇴가 가능하다. 단, 일반적구속력이 선언된 경우에는 여하한 경우에도 단체협약의 구속력이 존재한다.

● 사용자가 사용자단체로부터 탈퇴할 경우
● 기업단체협약을 해지하는 경우

사용자단체로부터의 탈퇴를 위해서는 사용자단체의 정관에 명시된 회원 자격의 해지예고기간을 준수해야 한다. 해지예고기간은 연말로부터 기산해서 6개월이 통상적이며, 6개월을 초과하는 예고기간은 무효이다. 일반해지의 경우, 예고기간을 준수하는 것으로 족하며, 즉시해지의 경우는 중요한 사유가 있을 경우에만 허용이 된다.

기업단체협약의 해지는 당해 단체협약에 협약의 해지에 관한 유보조항이 존재할 경우에 가능하다. 그러나, 사용자가 위의 두 가지 경우에 해당하는 경우라도, 당해 단체협약이 유효한 기간동안에는 여전히 단체협약의 적용을 받는다(같은법 제3조3항).

단체협약의 기간이 종료되었으나, 그 이후 새로운 단체협약이 체결되지 않았을 경우에, 근로조건에 관한 약정은 비록 단체협약이 종료되었다고는 하나, 기간의 제한없이 여전히 유효하게 적용된다고 본다(단체협약의 여후효 Nachwirkung). 단체협약법 제4조 5항에 따라 단체협약이 종료되더라도, 다른 협약(단체협약, 개별근로계약 및 사업장협약)이 이를 대체하지 않는 한, 그 단체협약의 법규범은 여전히 유효하다.

(2) 사업장협약

독일에서는 노동자의 임금 및 노동조건 등 기본적이고 중요한 사항에 관해서는 외부(노동조합과 사용자 또는 사용자단체간에 이루어지는 산업별 교섭)에서 관련 전문가들간에 해결하고, 기업 내부로 관련 갈등을 가져오지 않는다. 이 점이 우리와 다른데, 이 시스템의 장점이 가볍지 않다. 사업장협의회는 단체(임금)협약에서 이미 체결된 노동조건의 범위 이내에서 개별 기업의 특수성을 반영하여 경영진과, 사업장기본법에서 부여한 경영참여권을 통해, 협의함으로써 회사의 경영에 함께 참여하는 것이다. 구체적으로는 사업장협의회와 회사 간에 체결되는 사업장협약을 통해서 이루어진다. 기업단체협약이 주된 협약인 한국, 일본과 같은 경우에는 개별기업의 차원을 벗어난 문제에 대해 노동조합이 목소리를 내기 어려운 구조이다. 게다가 경제위기의 시기에는 노동조합의 목소리가 마치 집단이기주의로 비쳐지기 때문에 노동조합이 사회적인 역할을 하기가 어렵지만, 독일의 경우는 그렇지 않다. 또한 가장 민감한 사안인 임금과 관련된 갈등이 개별기업 차원으로 들어오지 않고, 기업 외부에서 조율이 되기 때문에 사내에서 노사간 노동쟁의로 불이 옮겨붙지 않게 된다. 이 시스템의 단점은 개별기업의 특수성이 단체협약에 반영되지 못한다는 점이다.

사업장협약(Betriebsvereinbarung)은 사업장기본법이 사업장협의회에게 부여한 경영참여권을 개별 사업장(또는 기업) 내에서 구체적으로 실현하는 수단이다. 사업장협약은 사용자와 사업장협의회간에 서면으로 합의하여, 상호 서명함으로써 체결된다(사업장기본법 제77조2항).

> * Betriebsvereinbarung의 번역은 사업장협약으로 하였다. 이 협약의 한쪽 당사자는 사업장협의회이며, 이 사업장협의회는 사업장마다 조직되어 있다. 따라서 사업장 단위로 사용자와 협약을 맺는 구도이기 때문에 사업장협약이 적절한 번역이라고 생각된다.

사업장협약은 두 가지로 대별될 수 있는데, 사회적, 인사적 및 경제적 사안에 있어서 사업장협의회에게 공동결정권이 부여된 사안에 대해 맺는 강행적 사업장협약(Erzwingbare Betriebsvereinbarung: 법률과 같이 강행적, 직접적인 효력을 갖는다)과 그렇지 않은 임의적 사업장협약(Freiwillige Betriebsvereinbarung)으로 나눈다.

강행적 사업장협약은 사업장협의회에 부여된 공동결정권을 실현하는 수단이기 때문에, 사용자와 협상하여 체결하거나 혹은 사용자와 합의에 도달하지 못하더라도, 일방의 요청에 따른 중재위원회의 개입을 통해 반드시 체결이 될 수 밖에 없는 것이다(같은법 제87조).

임의적 사업장협약에 관해서는 같은법 제88조에 규정이 있는데, 특히 아래의 경우에 체결된다.

- 업무상 재해 및 질병을 예방하기 위한 추가적인 조치들
- 사업장 내 환경보호를 위한 조치들
- 회사 내 종업원 복리후생시설의 설치
- 종업원의 재산형성을 촉진하기 위한 조치들(재형저축 등)
- 외국인 근로자를 위한 통합적 조치와 인종차별주의 및 외국인 혐오주의의 퇴치를 위한 조치들

임의적 사업장협약의 체결시 사용자와 사업장협의회가 합의에 이르지 못할 경우, 양 당사자가 모두 이의 체결을 원하거나 또는 양 당사자가 모두 중재를 신청할 경우에만 중재위원회가 개입하며, 이때의 중재안은 양 당사자의 합의를 대체한다.

사업장협약의 개별 규정이 개별근로계약의 해당 규정과 다를 경우는 어떻게 하는가? 같은법 제77조 4항은 사업장협약의 직접적, 강행적 효력에 관해 규정하고 있다. 즉, 사업장협의회에 공동결정권이 부여된 사안에 대한 사업장협약은 법률과 같이 자동적으로 그리고 강행적으로 적용이 되는 것이기 때문에, 사업장협약의 규정은 개별근로계약의 규정에 우선한다. 그러나, 개별근로계약 조항이 사업장협약의 그것보다 근로자에게 더 유리하면, 유리의 원칙에 따라 개별근로계약의 규정이 우선 적용된다.

사업장협약의 개별 규정이 단체협약의 해당 규정과 다를 경우는 어떻게 하는가? 독일의 단체협약법(Tarifvertragsgesetz)에 따르면, 근로관계에 관한 단체협약의 법규범은 협약의 양 당사자에게 직접적, 강행적 효력을 가지므로(제4조1항), 단체협약의 내용과 다른 합의는 단체협약에서 이를 허용하고 있거나, 또는 변경되는 내용이 근로자에게 유리한 내용을 포함하고 있을 경우에만 허용된다(제4조3항). 즉, 독일의 경우 협약자치의 한계로서 유리의 원칙이 인정되며, 단체협약상의 근로조건은 최저기준을 정하고 있는 것으로 본다.

또한 사업장기본법 제77조 3항의 규정을 살펴보면, 단체협약에서 규율되어 있거나, 통상적으로 규율이 되는 임금 및 근로조건은 사업장협약(근로계약이 아님!)의 대상이 될 수 없으며, 다만 단체협약에서 단체협약의 내용을 보충하는 사업장협약의 체결에 관해 명시적으로 허용할 경우에는 그렇지 아니하다고 규정하고 있다. 1990년대에 많은 이슈가 되었던 소위 "유보조항(Öffnungsklausel)"과 관련된 논의인데, 뒤에서(사업장 차원의 일자리동맹) 자세히 살펴보겠다. 따라서 단체협약의 규정과 다른 노동조건이 인정되는 경우는 이처럼 유리의 원칙이 적용되는 경우와 단체협약에서 유보조항을 신설하는 경우가 있다. 유보조항은 단체협약의 조건보다 종업원에게 불리한 내용을 적용할 경우이다.

사업장협약은 사용자 혹은 사업장협의회에 의해 해지예고기간(3개월)을 준수함으로써 해지될 수 있다(같은법 제77조5항). 사용자의 입장에서 볼 때 사업장협약의 체결이 유리할 수 있는 부분인데, 만약 개별근로계약으로 근로조건 등을 규율할 경우, 이의 변경이 사업장협약의 해지 또는 변경보다 훨씬 어렵기 때문이다. 강행적 사업장협약의 경우, 약정된 기간이 종료되거나 혹은 해지될 경우, 다른 사업장협약, 단체협약 또는 개별근로계약으로 대체되지 않는 한, 그 사업장협약은 여전히 유효하다고 하여 여후효(Nachwirkung)를 인정하고 있다(같은법 제77조6항). 임의적 사업장협약의 여후효는 사업장협약에서 다르게 약정하지 않는 한, 일반적으로 인정되지 않는다. 참고로 단체협약의 여후효에 관해서는 단체협약법 제4조 5항에서 규정하고 있다.

(3) 사업장 일자리동맹(Betriebliche Bündnisse für Arbeit: BBfA)

우리의 노사정위원회와 같은 전국 차원의 삼자회의체(tripartite committee)는 1967년 구성된 조율행동(konzertierte Aktion)이 최초였다. 조율행동은 1977년까지 활동을 했고, 1996년 일자리와 생산입지 공고화를 위한 동맹(Bünnis für Arbeit und Standortsicherung, 그리고 1998년 일자리, 직업훈련 및 경쟁력강화를 위한 동맹(Bünnis für Arbeit, Ausbildung und Wettbewerbsfähigkeit)으로 재탄생되어 2003년 3월 공식적으로 산회하기까지, 소위 유럽의 코포라티즘(사회적 합의주의 corporatism)적 전통하에서 노동조합, 사용자단체 및 정부간 삼자회의체로서 운영되었다(흔히 일자리동맹 Bünnis für Arbeiteit 이라고 부른다). 아래에서 기술하는 내용은 전국 차원의 일자리동맹(Bündnisse für Arbeit auf nationaler Ebene)이 아니라, 사업장 차원에서 사용자와 사업장협의회간에 이루어지는 협약을 말한다. 전국 차원의 일자리동맹과 구별해서 '사업장 일자리동맹'이라고 부르기로 한다.

사업장 차원의 일자리동맹(Bündnisse für Arbeit auf betrieblicher Ebene; 이하 사업장 일자리동맹)이란, 개별사용자와 사업장협의회 사이에 체결되는 일종의 사업장협약(Betriebsvereinbarung)을 말한다. 여러가지 명칭으로 불리는데, 고용동맹(Bündnisse für Beschäftigung), 고용협약(Beschäftigungspakt), 생산입지공고화

계약(Stanortsicherungsvertrag), 경쟁동맹(Wettbewerbsbändnis), 고용과 경쟁력강화를 위한 동맹(Bündnis für Beschäftigung und Wettbewerbsfähigkeit) 등이 그것이다. 노동자는 자신의 권리를 일부 포기하고 대신에 사용자로부터 일자리를 보장받는 것을 내용으로 하고 있다. 노사 양측의 양보(wechselseitige Konzession)를 기반으로 한 협약이었다. 주된 내용은, 노동자 입장에서는 임금 삭감과 노동조건의 유연화를 받아들이는 것이고, 사용자 입장에서는 고용보장과 투자를 약속하는 것이다. 그런데 앞에서 언급했듯이 사업장기본법이 사업장협의회에게 부여한 경영참여권에 따라 개별 사업장에서 사용자와 사업장협의회간에 체결되는 협약을 사업장협약(Betriebsvereinbarung)이라고 했다. 그렇다면 사업장 일자리동맹은 이 사업장협약과 어떻게 다른가?

이 개념이 등장한 것은, 독일 경제와 노동시장의 상황이 악화일로로 치닫던 1990년대 중반부터이다. 사용자 입장에서 인건비 등 비용을 절감해야 할 필요성(경쟁력 강화)이 절박했고, 노동자 입장에서는 자신의 일자리를 지켜야 할 필요성(고용 보장)이 또한 절박했다. 여기에 불을 붙인 것은 1993년 가을에 체결된 폴크스바겐과 금속노조의 단체협약이었다(후술하는 폴크스바겐의 주요 단체교섭 참고). 금속노조가 종업원 30,000명을 정리해고로부터 보호하기 위해 임금보전 없는 노동시간 단축에 합의한 것이다.

폴크스바겐의 경우, 노동조건에서 많은 것이 양보되기는 했지만, 어쨌든 단체협약을 통해 이를 합의한 것이기 때문에 법적인 문제는 없었다. 그러나 지역산업단체협약을 체결한 사용자단체에 속하는 개별 사용자가, 단체협약에 정한 조건보다 저하된 노동조건을 대상으로 기업내 사업장협의회와 협약(소위 사업장 일자리동맹)을 맺음으로써 문제가 되었던 것이다. 왜냐하면 이러한 협약이 법률에 근거해서 체결된 단체협약의 효력에 위반하는 내용을 담고 있었기 때문이다. 즉, 헌법상 보장된 협약자치(Tarifautonomie)의 원칙과 사업장기본법상 보장된 협약우위(Tarifvorrang)의 원칙에 반하기 때문이다. 우선 이 논의와 관련된 법조항을 살펴보자.

- 헌법 제9조 3항(단결의 자유/협약자치): "노동조건과 경제조건을 유지, 향상시키기 위해 단체를 결성하는 권리(단결권)는 모든 개인에게 그리고 모든 직업에 대하여 보장된다."
- 단체협약법 제4조 3항(유리의 원칙): "단체협약의 내용과 다른 내용으로 협약을 맺는 것은, 단체협약이 이를 허용하거나, 혹은 변경된 내용이 근로자에게 유리한 내용을 담고 있을 경우에만 허용된다."
- 사업장기본법 제77조 3항(협약우위 원칙 및 소위 유보조항): "단체협약에 규율된 또는 통상적으로 단체협약에서 규율되는 임금 기타 노동조건에 관한 사항은 사업장협약의 대상이 될 수 없다(협약우위). 이는 단체협약에서 보충적인 사업장협약의 체결을

명시적으로 허용한 경우에는 적용하지 아니한다(유보조항)."

● 사업장기본법 제112조 1항(사회계획에 따른 협약체결시 예외 조항): "사회계획(Sozialplan)을 위한 협약에는 같은법 제77조 3항 1문의 규정이 적용되지 않는다."(사업장기본법 제111조에 따른 사업변동(예, 사업장 이전 등)의 경우, 회사는 사업장협의회와 이해조정을 위한 협약과 사회계획을 위한 협약을 체결해야 함)

몇몇 사례를 살펴보자. 1996년에 Viesmann(건물 공조시스템 설비 제조)이라는 회사가 새 공장을 체코에 설립할 계획을 발표하자, 사업장협의회가 나서서 경영진으로 하여금 체코 투자를 포기하고 대신 독일내에 공장을 설립하면 주당 3시간의 초과근무를 무급으로 하겠다고 협약을 맺었다. 이 협약은 여러 논란을 불러 일으켰는데, 결국 노동법원에 제소되어 1999년 4월 연방노동법원에서 판결(Burda-판결)이 내려졌다. 판결요지는, 노동조건의 저하와 일자리 보장을 교환하는 것을 내용으로 하는 협약은 단체협약법 제4조 3항이 규정하고 있는 유리의 원칙을 적용할 사안이 아니므로, 이러한 협약(사업장 일자리동맹)은 단체협약에 반하는 것으로서 무효라는 것이었다. 이 판결에 대해서는 반대편에서 많은 비판이 제기되었는데, 단체협약법(제4조3항)과 사업장기본법(제77조3항)을 개정함으로써 입법론적으로 이를 해결해야 한다고 목소리를 높였다.

2005년 5월 타이어 제조사인 콘티넨탈(Continental)은 슈퇴켄

(Hannover-Stöcken) 공장에서 계속 타이어를 생산한다는 조건으로 사업장협의회와 임금보전 없는 노동시간의 확대(주당37.5시간에서 40시간으로)를 내용으로 하는 사업장협약(사업장 일자리동맹)을 체결한다. 그러나 불과 6개월 후 콘티넨탈은 2005년 12월말일자로 슈퇴켄 공장의 생산을 중단한다고 발표한다. 일자리동맹에도 불구하고, 320명의 종업원이 경영상 이유에 의한 해고를 당한 것이다. 시사주간지 슈피겔(Der Spiegel)은 2005년 50호에서 일자리동맹의 미래는 총체적인 난관에 직면했다고 보도했다(Olaf Hübler, 2006).

Daimler-Chrysler는 2004년 중반에, 2012년까지 일자리를 보장한다는 것을 내용으로 하는 사업장협약(일자리동맹)을 체결했으나, 2005년 12월 7,500명을 정리해고(2006.1.~2008.12. 기간 동안) 한다는 계획을 발표한다. 이후에도 7,500명에서 8,500명으로 정리할 인원을 늘렸고, 향후 3년간 사무직 6,000명을 정리해고에 포함시킨다는 발표를 하게된다. AEG도 1,750명의 정리해고 계획을 발표했고, 스웨덴계 Elektrolux 또한 공장을 폐쇄하고 폴란드로 공장을 이전한다고 발표한다. 고용에 관하여 "동맹"을 맺었던 노동자(사업장협의회)들은 동맹국(사용자)에게 뒷통수를 얻어맞은 셈이 되었다.

사업장기본법 제77조 3항에 따르면, 단체협약에 소위 "유보조항(Öffnungsklausel)"이 없다면, 단체협약에 규율된 또는 통상적으로 단체협약에서 규율되는 임금 기타 노동조건에 관해서는 사업장협약을 체결하는 것이 허용되지 않는다(사회계획은 예외). 바꿔 말하면, (단체협약의) 유보조항이란 사업장협약에서 임금과 노동시간을 규율 (종업원에게 불리하게)하는 것을 허용하는 것이라고 말할 수 있다.

당시의 사회경제적 상황하에서 노동조합 입장에서는 어쩔 수 없이 단체협약 체결시 "유보조항"에 합의해 줌으로써 지역산업단체협약이 무력화되는 것을 막아야 할 필요가 있었다. 이처럼 사업장 일자리동맹은 단체협약상 유보조항을 신설함으로써 이루어진 것이다. 그렇지 않은 경우는 아예 지역산업단체협약 대신에 기업단체협약을 직접 체결함으로써 노동조건의 저하와 고용보장을 맞교환하기도 하였다. 어쨋든 경기침체의 시기에 단체협약상의 노동조건을 지키기 어려운 기업들에게는 단협상의 유보조항이 일종의 출구역할을 했던 것은 분명하다.

사업장 일자리동맹이 기존 단체협약의 경직성을 보완함으로써 단체협약 제도를 현대화하는 수단이 될 수 있다는 주장이 정치권에서 제기되었고, 자민당(FDP)은 2002년 사업장 일자리동맹에 법적인 지

위를 주기 위해 입법안을 발의했으나 본회의에서 부결되었다. 2003
년에는 기민연/기사연(CDU/CSU)의 공동발의로 역시 유사한 입법
안이 제출되기도 했으나, 중도에 기민연은 단체협약의 유보조항이
유효하기 위해서는 단체협약 양 당사자의 동의가 반드시 필요하다
는 방향으로 재차 입장을 바꾸었다.

이에 관한 노동조합의 비판은, 지금까지 사업장 외부에서 조율되던
임금 등 노동조건에 관한 사안들이 기업내부로 들어오게 되는 결과
가 생기고, 따라서 회사내에 임금협상을 둘러싼 갈등으로 인해 노동
쟁의가 빈번하게 발생되리라는 것이었다. 이에 반해, 시스템의 안정
은 변화가 전제되어야 가능하다면서, 사업장 외부에서의 규율과 내
부에서의 규율로 확연히 구분되는 독일식 이원시스템을 해체하자는
것이 아니라, 새로운 방식으로 변화를 주자는 것이라는 주장도 동시
에 제기되기도 했다.

기업은 90년대 초반 이전까지는 정리해고를 피하기 위해 점진적은
퇴제도(Alterteilzeit)와 조기퇴직프로그램을 많이 가동했었으나, 90
년대 중반부터는 정리해고를 철회하는 대신에 노동조건의 유연화를
요구하는 양상으로 변하였고, 이를 실현하는 수단으로서 단체협약
의 유보조항을 활용한 사업장 차원의 일자리동맹을 체결했던 것이
다. 앞에서 언급했듯이, 사업장 일자리동맹의 주된 내용은, 노동자
입장에서는 임금 삭감과 노동조건의 유연화를 받아들이는 것이고,

사용자 입장에서는 고용보장과 투자를 약속하는 것이다. 사업장 일자리동맹의 형태를 내용상 4가지로 나누어 볼 수 있는데, 아래와 같다(Britta Rehder, 2003, p. 80).

1. 임금 삭감에 대해 투자 확약을 내용으로 하는 협약
2. 임금 삭감에 대해 고용 보장을 내용으로 하는 협약
3. 생산성 향상에 대해 투자 확약을 내용으로 하는 협약
4. 일자리나누기(노동시간 단축)에 대해 고용 보장을 내용으로 하는 협약

위의 임금 삭감을 실현하는 수단으로는 초과근로에 대한 할증수당 폐지, 주말근무 도입, 노동시간의 확대가 있고, 생산성 향상을 위한 수단으로는 작업장혁신, 직무능력향상을 위한 교육훈련, 노동시간저축계좌제 도입이 활용되었으며, 그리고 일자리나누기(노동시간 단축)를 실현하는 수단으로는 초과근로 축소, 파트타임 확대, 특별휴가 부여 등이 활용되었다(Hartmut Seifert, 2000).

요약하면, 사업장 일자리동맹은, 기존에 사용자의 경영권에 해당하는 이슈를 대상으로 삼았다는 것과 사업장기본법에 따른 공동결정(경영참여권이라는 의미)의 대상이 아닌, 그 범위를 넘어서는 이슈를 대상으로 삼았다는 점에서 기존의 사업장협약(Betriebsvereinbarung)과 구별되는 것이다. 1980년대에 일반적이었던 미국 자동차산업 내의 양보교섭(concession bargaining)이 미

국 자동차 제조업체의 독일 현지법인을 통해 독일로 수입된 것으로 파악하고 있는데, 독일에서는 산업별 단체협약의 영향과 상대적으로 강한 노동조합의 영향으로 노동자측의 양보는 제한적으로 이루어졌다는 점이 미국의 경우와 다르다고 할 수 있다. 또한 미국의 경우 주로 사용자에 의한 전략적인 접근으로 양보교섭이 활용되었다면, 독일에서는 오히려 노동조합이 이에 주도적으로 참여했다는 점이 미국의 경우와 구별된다(Britta Rehder, 2003, p. 81).

6. 노동이사제(Arbeitsdirektor)

　지난 5월(2016년) 서울시에서는 근로자 30명 이상의 공사, 공단, 출연기관에 해당하는 약 15개 공기업에 "근로자이사제"를 도입한다고 발표했다. 이에 대해 경총은 공기업의 개혁을 막고, 생존을 위협한다는 견해를 보였다. "노동이사제는 방만 경영으로 적자를 거듭하는 공기업 개혁을 방해하고 생존마저 위협할 것이고, 우리나라 경제체계나 현실을 도외시한 제도로 심각한 부작용과 피해가 우려되며 우리나라 시장경제질서와도 맞지 않다". 그러면서 "이 제도를 도입하면 근로자 이사와 경영진의 의견 대립으로 이사회가 신속한 의사결정을 할 수 없게 되고, 손해는 주주들이 부담해야 할 것"이라고 말했다. 또한 "우리 나라는 아직 협력적 노사관계가 자리잡지 못했는데 이런 상황에서 근로자이사는 근로자 이익을 대변하는데 역할이 편중될 것"이라고 우려했다. 이에 대한 서울시의 반응은 "근로자 책임을 강화해 협치를 실현하는 것이므로 경제민주화 가치에 부합하고, 근로자이사가 이사회의 절반을 넘지 않으므로 의사결정이 늦어지는 등 경영에 악영향을 미칠 여지가 구조적으로 없으며, 관련 조례를 제정해 운영하기 때문에 위법 소지가 없고, 경영권 침해 우려도 없다"는 것이었다(조선닷컴, 2016.5.10.). 공기업에 한정된 것이기는 해도, 만약 서울시가 노동이사제를 도입한다면, 이는 다른 지자체에도 곧 도입이 될 것이란 의미가 된다. 이제 우리나라에도 노동이사제가 낯설지 않은 용어가 될 모양이다. 아래에서 이 제도의 원조인 독일의 공동결정법에 따른 노동이사제에 대해 살펴 보기로 한다.

노동이사제는 1951년 몬탄공동결정법에 의해 만들어진 제도이다. 이에 따르면 노동이사는 노동조합의 추천에 따라 감독이사회에서 선임된다. 따라서 노동이사는 친노동조합적 성향이라고 단정적으로 말하기도 하지만, 통계를 보면 그렇지도 않다는 것을 알 수 있다. 경영이사회에 노동이사를 임명한 약 750개 회사를 대상으로 조사한 바에 따르면(Jan-Paul Giertz, 2015), 이 중에서 노동조합의 추천을 통해 (감독이사회에서) 노동이사를 선임한 경우는 115개 회사 뿐이라고 한다. 단정적으로 얘기하기는 논거가 다소 부족하다고 볼 수 있지만, 친노조 성향의 노동이사는 15%를 약간 상회하는 수준이라고 할 수 있겠다. 위 115개 회사를 분야별로 보면, 종합병원, 지자체 산하 슈타트베르크(Stadtwerke: 지자체가 100% 출자하여 전력, 가스, 지역난방을 공급하는 공기업으로서, 회사 형태는 유한회사임), 항만, 공항이 약 50개, 에너지 및 건설회사가 약 40개, 철강산업에 약 20개 회사가 있다. 그리고 자동차산업에서는 대표적으로 폴크스바겐이 여기에 속한다(후술하는 폴크스바겐법 참조).

노동이사는 경영이사회의 정식 멤버로서 의사결정시 다른 이사들과 동등한 권리를 가지면서 회사의 경영에 관여하고, 동시에 종업원의 이해를 대변하는 고위간부로서의 이중역할을 맡게 되는데, 이로부터 노동이사가 회사에서 중립적인 입장을 취하면서 노사간 교량 역할을 한다고 볼 수 있다. 노동이사제에 대한 경총의 반응을 보면, 우리가 독일의 노사관계를 너무 계급적으로 보고 있는 것은 아닌가 하는 생각이 든다. 앞에서도 설명을 했지만, 독일의 경제체제(그 하위의 노사관계 역시)는 계급적이라기 보다는, 오히려 다소 이상적인 성격을 가진 것이다. 나치 국가독점자본주의의 폐해와 가톨릭의 사회윤리의 영향을 받아서 인간존중과 공동선을 지향하고, 그 바탕 위에서 실제로 사회의 모든 제도가 작동하고 있기 때문이다.

독일기업에서 인사업무를 담당하면서 느낀 것이지만, 사업장협의회의 위원과 의장(Betriebsratsvorsitzender)은 사내의 오피니언 리더로서 회사의 여러 문제에 대해 좋은 의논의 대상이었다. 개인적 경험을 일반화할 수는 없지만, 우선 사업장협의회의 역할을 규정하는 사업장기본법을 보면(제74조), 사용자와 갈등보다는 "협력"을 하고, 반대를 위한 반대보다는 제안을 하고, 사내에서 "평화의무"를 준수할 것을 분명하게 규정하고 있다. 노동이사 역시 마찬가지로 앞에서 살펴보았지만 단순히 종업원의 이해만을 대변할 수 없는 신분이다. 경영이사회의 업무분담 규정에 따라, 주총과 감독이사회에 대하여 경영이사회의 이사로서의 의무와 책임을 부담하고 있기 때문이다. 종업원의 이해와 고충을 대변하면서 동시에 회사가 정한 경영목표를 달성하기 위해 종업원을 독려하기도 해야 한다. 회사가 종업원에게 요구하는 것과 종업원이 회사에 요구하는 것을 최적의 조합으로서 절묘하게 조율하는 것이 노동이사의 역할이라고 보면 되겠다. 우리가 독일의 제도를 살펴보는 것은 이를 단순히 모방하자는 것이 아니다. 물론 모방한다고 해서 실제로 그렇게 되지도 않는다. 귤이 회수를 건너면 탱자가 된다고 하지 않던가. 다른 나라의 제도를 제대로 살펴보고, 우리에게 필요한 시사점만 얻으면 된다. 그것을 위해서 모두가 선입견을 내려놓고 제로 베이스에서 논의를 시작해 볼 필요가 있다.

1951년의 몬탄공동결정법과 1976년의 공동결정법의 적용을 받는 기업에서의 노동이사는 경영이사회(Vorstand)의 정식 멤버로서, 경영이사의 업무분담 규정(Geschäftsordnung)에 따라 인사, 노무관련 업무를 관장한다. 노동자의 이해대변을 위해 단순히 경영이사회의 회의에 참석만 하는 것이 아니다. 서울시에서 시행하려고 하는 '근로자이사제'가 실효성있게 운영이 되려면 이러한 점을 잘 살펴서 제도를 운용해야 할 것이다.

공동결정법 제33조에 따라 감독이사회는 노동이사를 선출한다(주식합자회사는 적용 제외). 노동이사는 경영이사회의 정식 이사로서 기업의 노무관리 업무를 전담하는데, 요즘은 인력관리 업무까지 함께 담당하는 경우가 많다. 그렇다고 해서 노동이사가 노무와 관련된 의사결정을 단독으로 하는 것은 아니다. 경영이사회의 이사로서, 의사결정시 경영이사회 전체의 의사결정에 따라 결정된다. 경영이사회 이사간의 업무 분담에 관해서는 업무분담규정에서 상세하게 정하는데, 이 규정은 주식회사 정관의 (임의적) 기재사항이기도 하다.

1951년 제정된 몬탄공동결정법 제13조에 노동이사 선출 규정이 있는데, 이는 공동결정법과 동일하다. 다만, 노동이사 선출시 노동자측 감독이사회 이사의 과반수가 반대하면 노동이사로 선출되지 못한다는 규정만이 차이가 있을 뿐이다(해임 또한 노동자측 이사가 반대하면 불가능하다). 따라서 노동이사는 해당 기업의 종업원들로부터 그리고 노동조합으로부터 신임이 없이는 선임되기 어렵게 되어 있다. 그러나 1976년의 공동결정법의 적용을 받는 회사에서는 그렇지 않은데, 감독이사회의 의장이 2개의 의결권, 즉 캐스팅보트를 쥐고 있기 때문이다. 따라서 이론적으로는 비록 종업원과 노조의 신임을 받지 못하는 인물이라도 감독이사회에서 선출이 가능하게 된다.

실제 기업 현장에서 어떤 인물이 노동이사로 선임이 되는지에 대해 참고삼아 살펴보자. 2008년말 지멘스 그룹의 노동이사겸 인력관리 담당이사로 거론되기도 했던 Karlheinz Blessing 박사는 당시 독일 금속노조 본부의 중앙집행위원이었는데, 이후 사회민주당의 사무부총장을 거쳐, 300년의 역사를 자랑하는 유럽 최대 강판 제조사인 딜링어 휘테(주)와 자르 철강회사의 노동이사를 역임했고, 2016년 1월부터 폴크스바겐(주)의 노동이사겸 인력관리 담당이사로 재직 중이다. 금속노조의 간부가 재벌기업의 경영이사회 이사로 임명된다는 것이 우리의 시각으로 볼 때는 비현실적인 이야기라고 여겨지지만, 경제대국이자 노사관계에 있어서 손꼽히는 선진국인 독일에서는 전혀 이상한 일이 아니고, 이를 가능하게 하는 것이 바로 공동결정법이라는 법과 제도이다.

7. 노동조합

독일에는 강력한 산업별 노동조합이 존재한다. 그리고 독일은 지난 몇 십년동안 사용자와 협조적인 노사관계를 유지해 왔다. 우리식으로 표현하자면, 강력한 노조 때문에 노사관계가 파행에 파행을 거듭해야 할텐데 왜 그렇지 않은가? 오학수(오학수, 2013, p. 27)의 말을 들어보자. "노동자가 교섭에서 사용자와 대등하지 못하면, 노동자의 지위가 향상되기 어렵고 불리해진다. 불리함은 장기적으로 노동자뿐 아니라, 사용자에게도 영향을 미친다. 노사관계는 어떤 측면(특히 분배)에서 보면 경쟁관계이다. 경쟁을 할 수 없을 만큼 한쪽이 약해지면 다른 쪽도 강해질 수 없다. 경쟁을 통해 서로 강해지기 위해서는 언제나 대등한 힘을 갖는 것이 중요하다. 노사가 대등하여 좋은 경쟁관계에 있으면 서로를 강하게 만드는 자원이 될 수 있다. 이런 의미에서 노사관계는 기업의 발전을 위해서도, 노동자의 지위 향상을 위해서도 무엇보다 중요한 자원이다." 1993년 미국 연방노동관계법 개정안을 만들기 위한 던롭위원회에 참여했던 피터 페스티요 포드사 수석부사장의 말을 계속해서 들어보자(이병남 외, 1995, pp. 20~21). "만일 경영층이 국제 경쟁에서 살아남기 위해 노동조합과 동맹관계를 맺고자 한다면, 경영층은 노동자들에 의해 선출된 노동조합을 우리사회의 적법한 제도적 기구로 그 당위성을 인정하여야 한다. 다시 말해 노동조합의 역할을 인정하고, 존중하며, 가치를 부여하고 함께 일해야 한다는 것이다. 그리고 강력한 동맹관계를 위해서는 쌍방 모두가 각자 강력한 힘을 가져야 한다는 전제가 필요하다".

 그렇다. 우리사회에서 노동조합이 제 역할을 하지 못하고(노동조합의 문제), 또한 노동조합을 우리사회의 적법한 제도적 기구로 인정하지 않음으로써(사용자의 문제), 우리의 노사관계는 관계라는 용어를 사용할 수 없을 정도의 상태에 처해 있다. 아예 관계의 시작이 없는 것이다. 시작이 없는데, 무슨 과정이 있고, 결과가 있으랴. 앞에서 사고의 전환이 필요한 시점이라고 하면서, 현상을 다르게 보고, 기본전제에 의문을 가져봄으로써 우리사회의 문제와 상황을 새롭게 인식할 필요가 있다고 했는데, 이는 노사관계에 대해서도 마찬가지이다. 좋은 결과를 위해서는 좋은 시작이 필요하고, 좋은 관계의 시작은 서로의 존재에 대한 인정이 전제가 되어야 하는 것이다.

 기업별로 노동조합이 조직되어 있는 우리나라 및 일본과도 다르고, 정파 및 직종별로 노동조합(노선별 노동조합)이 조직된 서유럽의 다른 국가들(프랑스, 이태리 및 벨기에)과도 다른 독일식 노동조합모델(Deutsches Gewerkschaftsmodell)을 간략하게 살펴보자(아래의 내용은 주로 Wolfgang Schroeder/Samuel Greef, 2014 를 참조하여 작성하였다). 독일식 노동조합모델은 독일의 노사관계뿐만 아니라, 전술한 사회적 시장경제를 떠받치고 있는 버팀목 역할을 하고 있다. 독일식 노동조합모델의 특징은 아래의 4가지로 설명할 수 있다.

 ●전투적인 계급투쟁 일변도 또는 계급우호 일변도 관계가 아니

라, 사회적 파트너십에 기반한 갈등조정을 가능하게 하는, 잘 정리되고, 규정화된 모델(사회적 파트너의 의미는, 노와 사가 서로 다른 입장을 가지고 대립하지만, 기본적으로 양측 모두 기업의 경쟁력강화라는 대전제에는 이견을 달지 않는다는 의미로 쓰인다. 사업장차원 및 기업차원의 공동결정제도라는 제도화된 기구를 통해 협의와 협조에 기반을 둔 노사문화가 촉진되었다)

- 노측과 사측이 각각 강력한 조직력과 협상력을 가진 산업별 연합단체 구성
- 독일 노사관계 갈등조정의 이중시스템(기업내부와 외부로 분리)에서 적절한 균형 역할
- 정당 및 정부시스템과의 느슨한 연결고리

또한 독일식 노동조합모델은 산업별단체구성의 원칙(Industrie-verbandsprinzip)에 따라 구성되어 있다. 산업별단체구성의 원칙이란, 직업/직종별이 아닌 산업별로 노동자와 사용자 조직이 구성되는 것을 말한다. 독일의 경우, 이 원칙에 따라 거의 대부분의 노동조합과 사용자단체가 산업별로 조직되어 있다. 예외적으로 직종별 노동조합(Spartengewerkschaft: 마부르거 연맹, 항공조종사노조, 기관사노조 등)이 존재하기는 한다. 80년대 이래로 줄어드는 조합원 추세보다는 오히려 단체협약의 분권화 경향, 유연화 경향 및 사용자(단체)의 단협탈피(Tarifflucht) 경향, 그리고 2001년 이래로 나타난 전문직종 노동조합과의 단협정책상의 경쟁 양상은 노동조합총연맹 산

하 산별노조, 더 나아가 독일식 노동조합모델과 단체협상모델의 위기로 말해지기도 했다.

 2차 세계대전 이후 독일노총(DGB) 주도의 통합노동조합(Einheitsgewerkschaft) 모델(정치적 노선과 상관없이 조직되는 노동조합)이 독일식 노동조합모델의 중심축으로 확립되었다. 이는 바이마르 공화국 시기, 노선별 노동조합(Richtungsgewerkschat) 체제에서 3대 노조연맹간의 경쟁으로 인해 노동자측의 이해대변이 제대로 이루어지지 못했던 경험의 산물로 보인다. 어쨌든 1940년대 중반에 독일노총(DGB)이 주도하는 시스템이 만들어 졌는데, 이 독점구도는 지금까지 오랫동안 유지되어 왔다. 독일에는 3개의 노동조합 총연맹이 있는데, 독일노총(DGB)이 그 중에서 가장 규모가 큰 연맹이고, 나머지 2개의 노동조합총연맹으로는 독일공무원노동조합총연맹(DBB, 1950년 창립)과 기독교노동조합총연맹(CGB, 1955년 창립)이 있다. 기독교노동조합총연맹은 규모가 가장 작은데, 2010년 현재 14개 노동조합이 가입해 있으며, 조합원 수(2009년 현재)는 약 28만명이다. 독일공무원노동조합총연맹에는 2013년 현재 39개 노동조합이 가입해 있으며, 조합원 수는 1,271,563명(2012년)이다.

 1950년대에는 조직화된 노동자의 90% 이상이 독일노총(DGB) 산하 노동조합에 속했다. 2012년 통계에 따르면, 약 800만명으로 추산되는 조직된 노동자 중에서 약 615만명(77%)이 독일노총 산하 노조에 가입되어 있는 것으로 파악되었다. 이러한 조직력을 바탕으로 독일노총은 단체협약 정책상 독점적인 지위를 누렸다. 2015년 현재 독일노총에 가입된 조합원 수는 총 6,095,513명이다(http://www. dgb.de/uber-uns/dgb-heute/mitgliederzahlen). 독일노총 산하에는 8개의 산별노조가 있는데, 아래와 같다(2015년).

- 금속노조(IG Metall) 2,273,743명(37.3%)
- 통합서비스노조(Vereinte Dienstleistungsgewerkschaft: Ver.di) 2,038,638명(33.4%)
- 광산·화학·에너지노조(IG BCE) 651,181명(10.7%)
- 교육·학술노조(GEW) 280,678명(4.6%)
- 건설·농업·환경노조(IG BAU) 273,392명(4.5%)
- 식품·요식업노조(NGG) 203,857명(3.3%)
- 철도·교통노조(EVG) 197,094명(3.2%)
- 경찰노조(GdP) 176,930명(2.9%)

독일노총은 창립(1949년) 당시 16개 산별노조로 출발했으나, 1990년대 주로 이루어진 조직합병 등을 통해 현재 8개의 산별노조로 정리되었다. 노조간 조직합병 중에서 가장 대규모로 진행된 것은 2001년 통합서비스 노조로의 통합이었다. 이 통합의 영향으로 마부르거 연맹 등 현재 독일노총의 경쟁상대로 떠오른 전문직노조들이 독일노총 산하를 떠나는 계기가 되기도 했다. 가장 큰 규모인 금속노조의 경우, 1998년에 섬유산업과 의류산업 관련 노조가 합병되었고, 2000년에는 목재산업과 플라스틱산업 노조가 합병되어 가장 덩치가 큰 산별노조가 되었다. 2001년에 통합서비스노조가 탄생하면서 한때 잠시 최대 규모의 산별노조가 되기도 했다. 금속노조와 통합서비스노조의 조합원을 합치면 전체의 70%에 육박한다. 거의 2/3가 이 두 노조에 가입되어 있다. 금속노조의 영향력은 독일노총을 능가한다. 1990년 통일 후 구동독지역의 자유노동조합총연맹(FDGB)의 조합원이 독일노총에 대거 가입하면서 한때 1,180만명에 달했으나, 그 정점을 기준으로 계속 감소 추세를 보이다 2010년 이후로 감소세가 멈추고 소폭 증가세를 보였다. 1990년의 정점을 기준으로 보면, 2015년 현재 약 42% 정도의 조합원 감소를 보인 셈이 된다((80년대에는 대략 790만명 수준 근처를 보였다. 이를 기준으로 보면 통일효과를 제외하고 보더라도, 약 22%의 조합원 수가 감소되었다).

통합노동조합 체제 외에 또 하나의 특징은, 노총 산하 산별노조의 강력한 지위를 들 수 있다. 노동조합의 가장 중요한 역할 중 하나인 단체협약 정책면에서 보면, 독일노총의 역할은 미미하고, 대신에 산별노조가 교섭과 조정에서 중심역할을 한다. 독일노총은 산하의 산별노조를 지원, 조정하는 역할만 할 뿐, 직접 단체교섭에 임하지는 않는다. 반면에 산별노조는 직접 노사간 교섭을 하는 창구이며, 또한 사업장협의회의 요청에 따라 개별 기업(근로자)의 노사문제에 관하여 법률적 조언, 조정 및 교육을 제공하는 역할도 수행한다. 즉,

독일에서는 노총이 아니라, 산별노조가 노동조합의 핵심과제인 단체협약 정책을 수립하고 집행한다. 조합비는 산별노조에 납부하고, 산별노조가 분담금을 노총에 납부하는 구조다. 세전 총급여의 1%를 조합비로 낸다. 교육·학술노조(GEW)만 예외인데, 0.7%(사무직)~0.75%(공무원)를 조합비로 낸다. 참고로 통합서비스노조(Ver.di)의 경우, 파업시 조합비의 약 2.5배를 일급(파업수당 Streikgeld)으로 지급받는다.

노사간 단체협약 및 쟁의행위의 다른 한 당사자로서 노동조합의 반대편에는 사용자단체(Arbeitgeberverbände)가 있다. 사용자단체는 노동법상의 분쟁과 관련하여 회원 기업(사용자)들을 대변한다. 즉, 노사간 단체교섭의 당사자는 노동조합과 사용자단체(또는 경우에 따라서는 개별 기업의 사용자)이다. 독일노총의 대척점에는 사용자단체의 상급단체인 독일 연방사용자단체연합(BDA: Bundesvereinigung der Deutschen Arbeitgebervervände)이 있다. 독일식 노동조합모델에서는, 강력한 사용자단체가 없다면 노조연맹도 없을 것이고, 이는 그 반대의 경우도 마찬가지다.

참고로, 산별노조와 사용자단체가 직접 교섭하는 것이 통상적인 교섭의 형태이나(지역산업단체협약 Flächentarifvertrag 체결), 산별노조와 개별 기업의 사용자가 직접 교섭(기업단체협약 Haustarifvertrag 체결)하는 형태도 있다. 뒤에서 살펴볼 폭스바겐의 경우가 기업단체협약을 체결하는 대표적인 회사이다. 독일에서는 지역산업단체협약(Flächentarifvertrag)이 지배적인 단체협약의 형태이다.

독일노총 산하 산별노동조합의 강력한 경쟁자가 생긴 것은, 1999년 항공기조종사노조(Vereinigung Cockpit: VC)가 독일사무직노조(DAG)와 결별하고, 2001년 독자적인 단체협약을 체결한 때 부터이다. 이 노조들은 3대 노조총연맹 어디에도 속해있지 않은 직종별 노동조합이다. 그 외 대표적인 직종별 노조로는 종합병원 의사노조인 마부르거 연맹(Marburger Bund, 2006년 독자협약 체결), 그리고 독일기관사노조(GDL, 2007년 독자협약 체결)가 있다. 이 노조들은 쟁의를 통해 사회적 이슈화에 성공하면서 독자적인 조직화의 길을 걷고 있는 대표적인 직업별 노동조합들이다. 독일노총 산하 산별노동조합과는 더 좋은 노동조건의 단협체결을 위한 경쟁을 벌일 수 밖에 없는데, 이 전문직노조를 바라보는 사용자단체들의 시선은 곱지는 않다. 단협체결을 둘러싸고 더 강한 목소리를 내는 노조를 좋아할 리가 없을 것이다. 일률적인 단체협약 정책을 해야 한다는 입장에서는 독일노총(DGB)과 사용자단체연합(BDA)이 공동 보조를 취하고 있는 형국이다. 그렇다고 해서 직종별노조들이 조직을 강화해가는 이러한 경향이 지속될지는 좀 더 지켜봐야 할 것 같다(이와 관련해서는 전술한 협약자치와 단체협약법 개정 부분을 참조하기 바람).

직종별노조가 독자적인 협약정책을 추구하는 이유로는, 대개 3가지를 들 수 있다. 첫째로 병원, 항공산업 등에서 독점적인 지위가 흔들리면서 민영화가 추진되어 해당 산업이 구조적인 변화를 겪었던 점 그리고 역시 철도가 민영화되면서 준공무원 신분이던 해당 직업군(기관사)의 신분이 변화된 점, 둘째로는 해당 직업이 정보통신기술의 향상으로 인해 직무요건이 크게 바뀐 점, 그리고 셋째로 통합서비스노조(ver.di)로의 통합에 따른 생산직 조합원 중심의 노동정책으로 인한 사무직조합원, 의사, 기관사 등 고학력직업 종사자들의 불만, 독일노총의 대응에 대한 실망감의 표출을 그 이유로 들고 있다.

다른 나라들에서는 사업장내의 문제가 파업으로까지 가는 경우가 많은데, 독일에서는 사업장 내의 갈등과 문제는 사용자와 사업장협의회 간에 협의를 통해 조율된다. 노동조합의 문제로까지 가지 않는다. 이에 반해, 우리나라의 노동조합은 대기업 정규직 중심의 기업별 노조가 지배적인 조직형태인데, 이것은 법률로 강제된 것이다. 조직형태가 기업별로 강제되다 보니, 중소 영세기업에 설령 노조가 결성되더라도 그 규모가 너무 작기 때문에 제대로 기능을 발휘하기 어려운 측면이 있고, 더구나 정규직 중심의 노조체제는 비정규직들과의 노노갈등을 불러 일으킴으로써 비정규 문제의 사회적 해결을 저해하는 요인이 되기도 한다. 또한 노조의 활동이 기업의 울타리 안에서만 이루어지다보니 자체 조합원만을 대상으로 한 경제실리주의로 흐르면서, 노동자 전체의 요구와 이해관계 그리고 사회적인 요구 등에서 멀어지고, 노동조합은 사회적 정당성을 상실함으로써 사회로부터 고립되는 결과를 부르기도 한다.

8. 사회 안전망

　연방노동사회부가 펴낸 "한 눈에 보는 사회보장 체계 2016(Soziale Sicherung im Überblick 2016)"의 목차를 일별해 보면, 독일사회가 사회안전망(여기서는 사회보장과 같은 의미로 사용한다)을 보는 범위와 시각을 엿볼 수 있을 것이다: 자녀에 대한 지원, 모성보호를 위한 지원, 고용촉진을 위한 지원, 실업자 지원, 노동관계법, 사업장기본법, 공동결정제도, 최저임금, 산업안전보건, 산업재해보상보험, 재활과 장애인지원, 유엔 장애인권리협약 이행을 위한 운동, 건강보험제도, 간병보험제도, 노령연금보험제도, 개인 및 기업노령연금제도, 사회부조, 임차료 지원을 위한 주택수당, 사회보험의 국제적 연계, 사회보장상의 권리 구제, 사회보장상의 정보보호, 청각장애인을 위한 점자전화, 시민 전화상담.

　위 자료의 발간사에서 안드레아 날레스 장관은 다음과 같이 말하고 있다. "독일은 사회적이기 때문에 강하다. 독일의 사회복지체계는 세계에서도 가장 효과적인 시스템으로 꼽힌다. 사회복지체계는 경제입지요인의 하나다, 왜냐하면 독일의 경제력을 강하게 만들어주기 때문이다. 그리고 많은 국민들로 하여금 참여기회를 향상시켜주고 있다. (중략) 사회복지국가, 그리고 사회적 시장경제는 독일의 중요한 전통에 속한다. 사회복지국가는 독일을 살만한 곳으로 만들고, 전세계로부터 좋은 평판을 듣고 있다. 나는 미래에도 여전히 그러하기를 바란다. Unser Land ist stark, weil es sozial ist. Unsere sozialen Sicherungssysteme gehören zu den leistungsfähigsten der Welt. Sie sind ein Standortfaktor, denn sie stärken unsere Wirtschaftskraft. Und sie verbessern die Teilhabechancen vieler Bürgerinnen und Bürger. (중략) Der Sozialstaat, die soziale Marktwirtschaft gehören zu den gro β en Traditionen Deutschlands. Der Sozialstaat macht unser Land lebenswert und hat in der Welt einen guten Klang. Ich will, dass das auch in Zukunft so bleibt.",

간결하지만, 의미가 분명하게 전달되는 효과적인 글이다. 독일은 강한데, 조찌알(sozial)하기 때문이라는 말을 좀 더 이해하기 위해, 조성돈의 설명을 들어보자. "독일어에서 sozial이라는 단어는, 의미적인 면에서 본다면 그것은 공동체라는 말이 더 어울릴 것이다. 이미 sozial이라고 할 때는 공동체라는 말이 포함되어 있다고 보는 것이 옳을 것이다. 어원인 라틴어 socius가 의미하듯이 '공동의, 연대의'라는 뜻을 지니고 있다. 그리고 이 단어를 통해서 함께 살아감의 의미를 지니고, 동시에 더 나아가서 개인의 이기주의를 넘어서 남을 돌아보고, 돌본다는 의미를 함축하고 있다. 따라서 공동체의 개념을 갖는 '사회적'이라고 하는 단어는 연약한 자들을 돕고 경제적 자원에 참여나 인간적인 현존을 보장하는 것을 의미한다. 이러한 자들은 스스로의 힘으로 그런 것을 이룰 수 없고, 자신의 능력으로는 그러한 상황에 있지 않기 때문에 공동체가 도와야 하는데, 그것을 '사회적'이라고 할 수 있을 것이다"(조성돈, 독일 사회시장경제와 교회의 역할, 기독경영포럼, 사단법인 기독경영연구원, 2013).

독일의 사회복지체계는 우선 연대, 공동체라는 개념에 기반한 시스템이라고 말할 수 있다. 앞에서 살펴본 사회적 시장경제가 기반하고 있는 연대, 참여, 공동선, 가톨릭의 사회윤리 등의 가치와 이념이 사회안전망 등 모든 제도의 밑바탕을 일관성있게 형성하고 있다. 왜 우리사회가 그런 제도를 가지기를 원하는지에 대해서 사회의 구성원에게 분명하고, 일관되게 설명해 주고 있고, 사회구성원들은 충분한 이해와 함께 이를 공유하고 있다. 우리는 그런가? 우리사회는 왜 사회안전망을 구축하려고 하는가? 사회보장기본법(1995)이 실현하고자 하는 사회통합과 행복한 복지사회는 어떤 것인가? 늘 느끼는 것이지만, 항상 무언가 본질적인 것이 빠져 있다는 생각을 떨칠 수 없다. 기본적으로 우리사회와 구성원이 어떤 가치관을 기반으로 해야 하는지에 대해서는 전혀 언급이 없다. 그래서야 그 제도가 제대로 굴러가겠는가? 어디로 갈 지를 모르는 사람에게 빨리 가라 혹은 천천히 가라고 하는게 무슨 의미가 있겠는가?

사회보장기본법의 전면 개정에 따라, 2014년 8월에 정부 관계부처 합동으로 사회보장정책의 기본방향을 제시한 사회보장기본계획(2014~2018)을 살펴보자. "우리사회는 글로벌 저성장, 급속한 고령화, 양극화 등 구조적인 위험에 직면해 있기 때문에, 안정적인 성장을 구현하고, 국민이 행복하기 위해서는 다양한 삶의 불안 요인의 해소가 필요하기 때문에" 사회보장기본계획을 마련한다고 설명하고 있다. 단지 눈 앞에 있는 위험, 불안이 사회복지체계를 만드는 이유라고 하고 있다. 그리고 "개정된 사회보장기본법의 이념에 부합하도록" 하겠다고 한다. 그렇다면 사회보장기본법에는 왜 사회복지체계를 만드는지 그 이유에 대해 어떻게 설명하고 있는지 살펴보자.

- 제1조(목적) 이 법은 사회보장에 관한 국민의 권리와 국가 및 지방자치단체의 책임을 정하고 사회보장정책의 수립·추진과 관련 제도에 관한 기본적인 사항을 규정함으로써 국민의 복지증진에 이바지하는 것을 목적으로 한다.
- 제2조(기본이념) 사회보장은 모든 국민이 다양한 사회적 위험으로부터 벗어나 행복하고 인간다운 생활을 향유할 수 있도록 자립을 지원하며, 사회참여·자아실현에 필요한 제도와 여건을 조성하여 사회통합과 행복한 복지사회를 실현하는 것을 기본이념으로 한다.

여전히 본질이 빠졌다는 느낌을 지울 수 없다. 사회보장법이 말하고 있는 행복하고 인간다운 생활을 영위하고, 사회통합과 행복한 복지사회란 구체적으로 어떤 것인가? 결국 남도 나를 존중하고, 나도 남을 존중하는, 그래서 인간의 존엄성이 존중되는 그런 사회가 아니겠는가? 그런 본질적인 부분이 항상 빠져있기 때문에 많은 제도, 정책들이 실패할 수 밖에 없었다고 생각하는 것이다.

사회안전망이 취약한 상태에서 고용유연성을 제고한다는 것은 아주 위험한 발상이기 때문에, 노사관계에서 과감한 개혁을 원한다면 우선적으로 사회안전망을 지금보다 훨씬 더 강화해야 한다. 김대중 정부에서 추진했던 노동개혁의 주요 내용이 노동시장 유연성 제고, 사회적 합의체 도출과 함께 사회안전망 구축이었던 것은 이런 맥락을 짚은 것이라고 하겠다.

사회안전망(social safety nets)이라고 하면, 통상 실업급여(직업능력개발훈련, 고용장려금 등도 포함)를 통한 실업자의 고용시장에의 재진입 지원과 빈곤층에 제공하는 최소한도의 생계지원을 내용으로 하는 사회부조라고 개념을 정의할 수 있다(넓게 보면 사회보험과 각종 사회복지서비스를 포함하는 개념이다). 그러나 이것과 함께 안정적 정치체제 및 경제시스템, 노동관계법, 노령연금(공적연금뿐 아니라, 기업연금, 개인연금까지 포함)의 제도적 설계, 노동자의 안정적인 재산형성에 관한 제도, 제도에 기반한 노사자치의 확립 등 모두가 유기적으로 한 나라의 사회안전망을 구성한다고 보는 것이 타당할 것이다.

어떤 제도를 살필 때, 여러가지 요소들이 유기적으로 연결되어 있음을 인식하고 접근하는 시스템적 사고방식을 해야 하는데, 사회안전망 또는 노사관계의 개선이라는 문제를 고려할 때도 마찬가지의 접근방식이 필요할 것이다. 노동자 입장에서 퇴직 후 받을 연금은 턱없이 부족하고, 수급시기도 점점 뒤로 늦춰질 것이며, 당장 사교육비와 대학등록금을 감당해야 하고(공교육의 질의 문제, 탁아소 및 유치원 제도의 개선 문제 등), 천정부지로 올라가는 전세자금도 해결해야 하고, 자녀의 결혼자금까지 신경써야 하는 입장이라면, 어떻게 긴 안목으로 노사관계의 개선 문제를 바라볼 수 있을까? 당장 급한 불을 끄기 위해서 임금인상에 매달릴게 뻔하지 않은가. 그래서 사회안전망과 노사관계의 개선, 일자리 창출, 임금문제 등은 종합적으로 함께 살펴보아야 한다. 고용과 복지의 유기적 연계를 가능하게 하는 전달체계란 따로 따로 노는 제도를 시스템적 접근방법으로 유기적으로 파악하는것에 다름 아니다. 그리고 무엇보다 중요한 것은 그것들이 흔들리지 않는 가치관, 즉 인간 존엄성이라는 토대 위에 구축되어야 한다는 것이다. 이런 기본적인 생각이 변하지 않는다면, 우리가 그 어떤 선진적인 제도를 도입한들 그것은 말 그대로 모래 위에 지은 집에 불과할 것이다.

2016년 5월 16일, 한국개발연구원(KDI)에서 열린 경제협력개발기구(OECD) 한국경제전망 세미나에 참석한 랜들 존스 한국경제 담당관의 말을 들어보자(연합뉴스). 우선 오이시디는 우리 경제의 성장세가 급격히 둔화되고 있다며 정부가 재정 정책을 좀더 적극적으로 운용해야 한다고 권고했다. 우리나라의 성장률은 2001~2011년 연평균 4.25%였으나 2011~2015년엔 2.75%로 떨어졌다. 보고서는 "올해 성장률은 2.7%에 머물 것으로 전망한다"며 "양호한 재정 상태를 고려할 때 연내에 추가적인 재정 확대가 필요하다"고 밝혔다. 특히 보고서는 올해 재정지출 증가율(전년 대비)이 0.4%로, 지난해 8.1%보다 크게 적은 탓에 '재정적 장애'(Fiscal Drag)가 예상된다고 경고했다. 오이시디는 고령화와 통일 비용 등을 고려해 중장기 재정 건전성을 유지하기 위해서는 세수를 확대해야 한다고 권고했다. 한국의 국민부담률(GDP 대비 사회보험료와 조세 부담 비중)은 오이시디 회원국 중 세번째로 낮을 정도로 세부담이 낮다. 또 정규직과 비정규직 간의 격차를 의미하는 우리나라의 노동시장 이중구조에도 깊은 우려를 드러냈다. 이런 이중구조가 우리나라의 성장잠재력을 낮출 뿐만 아니라 사회통합이나 역동성도 떨어뜨리고 있다는 이유에서다. 보고서는 "비정규직의 업무 역량은 정규직 핵심 연령대 노동자의 역량과 비슷하지만 시간당 임금은 정규직 노동자에 비해 38%나 낮다. 정규직은 고용 유연성을 높이고 비정규직은 고용 보호를 강화해야 한다"고 강조했다. 보고서는 또한 "한국은 재정 정책을 통한 소득 재분배 효과가 회원국 중 두번째로 낮다. 사회복지지출의 확대를 통한 사회안전망 확충 방안을 마련해야 한다"고 강조했다(참고로, 2015년 기준으로 독일의 사회복지지출은 GDP의 29%에 달한다. 우리나라의 사회복지지출은 약 8%로서, OECD 평균인 14%에 한참 못미친다). 2013년 현재 실업급여 수급자가 전체 실업자의 3분의 1에 불과하고, 고용장려금(EITC) 대상 가구도 전체 가구의 8%에 그치고 있는 사례를 들어 우리나라의 부실한 사회안전망을 꼬집기도 했다. 기초생활보장제도도 최대 급여 수준이 2015년 현재 오이시디 회원국 중 세번째로 낮고, 지원 대상도 전체 인구의 3%에 머물고 있다. 오이시디는 회원국을 대상으로 2년 주기로 국가별 경제현황 분석과 정책권고를 담은 보고서를 내고 있다.

9. 직업교육 - 이원제도

라인 모델에서는 직업교육을 중요시한다. 앞 절에서도 얘기했듯이 독일의 경영자들은 육아휴직이라든지, 직업교육에 대해 관련 법규정 이전에 당연히 해야하는 어떤 것으로 이해하는 듯하다. 이는 앞에서도 설명이 되었지만, 사회와 제도에 대한 기본적인 생각이 공동선, 연대의 실천에 놓여있는 기독교적 윤리관이라든지, 사회적 시장 경제체제의 기본구도가 영향을 끼친 것이 아닌가 생각된다. 폴 크루그먼은 뉴욕타임스 칼럼(2009.11.12.)에서 독일의 청년 실업률이 EU에서도 두드러지게 낮다고 하면서, "… 일자리의 의미가 어떤 것인지 잘 알기에, 공교육 후 사회에 진출하는 청년들의 고용에 대해 그처럼 깊은 관심을 가지는 것이다. 또한 독일과 같이 수출을 통해 경제성장을 하고, 고진로전략을 취하는 경제구조 안에서는 탄탄한 직업교육 시스템을 통해 숙련인력을 양성하는 것은 필수불가결한 것이기 때문"이라고 설명하고 있다.

단체협약에서도 빠짐없이 등장하는 것이 직업훈련생에 대한 조항이다. 뒤에서 살펴볼 폴크스바겐의 단체교섭을 보면, 대량해고냐 아니면 임금삭감이냐를 놓고 살벌하게 다투는 중에도 어김없이 직업훈련생을 채용하고, 교육과정 이수 후 정식 채용하는 의제가 빠짐없이 등장한다. 단기적인 경쟁력 향상을 넘어서 회사의 지속적인 경쟁력 향상을 위해서는 당장의 비용을 감당해야 한다는 생각이 그들의 머리 속에는 이미 들어 있다.

독일의 직업학교는 1969년에 처음으로 제정된 직업교육훈련법 (BBiG: Berufsbildungsgesetz)에 따라 실습과 이론을 병행하는 소위 이원제도로 운영되고 있다. 이는 전통적인 도제교육의 흔적으로서 현장실습을 중시하여 직업학교를 졸업함과 동시에 즉시 실무에 투입될 수 있는 인력을 배출하는 것이 특징이다. 독일의 학제는 우리와 많이 다른데, 우리의 초등학교에 해당하는 4학년까지는 동일한 과정을 밟지만, 5학년부터 대학을 진학하고자 하는 학생은 김나지움 (12~13학년 졸업)을 선택하고, 그렇지 않은 학생은 레알슐레(11학년 졸업) 혹은 하웁트슐레(10학년 졸업)로 각각 진학하게 된다. 이 정규 공교육 과정을 졸업한 이후, 직업을 원하는 학생은 다시 직업학교로 가는 것이다. 즉, 일부에서 오해하고 있듯이 실업계 학교 재학 중에 이론-실습을 병행하는 방식이 아니다.

독일에서는 연방교육부와 협의를 거쳐 연방경제에너지부에서 정한 약 350개의 공인된 직업(anerkannte Ausbildungsberufe)에 한하여 직업학교에서 교육이 실시된다(직업훈련법 제4조1항). 같은 법 제90조 3항 3호에 따라 연방직업훈련연구소에서 공인 직업의 리스트를 작성하여 일반에 공개하고 있다. 직업학교의 과정은 직업의 종류에 따라 2년에서 3년까지 그 기간이 상이하다(직업교육훈련법 제5조1항2호). 이 기간동안 1주일에 1~2일은 직업학교에 등교하여 이론교육을 받고, 나머지는 기업현장에서 실무교육을 받는다 (Teilzeitform). 이런 방식 이외에도 매년 3개월(6주씩 2번) 가량은 직업학교에 등교하여 이론수업을 받고, 나머지 9개월 가량은 기업에서 실무교육을 받는 방식(Blockform)도 있다.

직업학교에 진학하고자 하는 학생은 직업학교를 통하거나, 상공회의소 혹은 개별적으로 회사와 접촉하여 회사와 직업훈련생계약 (Berufsausbildungsvertrag)을 체결해야 한다. 이 계약은 회사에서 직업훈련과정이 시작되기 이전에 체결되어야 한다. 대부분의 직업학교의 개강이 9월이므로, 회사에서는 이 시기에 맞추어서 봄부터 훈련생을 구하고 여름 무렵에는 이미 직업훈련생계약을 체결할 수 있도록 준비한다. 회사의 입장에서는 자질있는 훈련생을 구하여, 비교적 낮은 훈련생보수만을 지급하면서 회사의 업무를 충분히 가르치고, 이를 통해 잘 훈련된 인력을 추후 정직원으로 충원할 수 있다면 그 만큼 회사에 도움이 되므로, 여러 경로를 통해 자질있는 훈련생을 구하기 위해 연초부터 미리 준비를 하게 된다.

같은법 제20조에 따라, 직업훈련생(약자로 Azubi를 많이 사용한다)을 채용할 시 최소 1개월의 시용기간을 반드시 설정해야 한다. 최대 시용기간은 4개월을 초과하여 설정할 수 없다. 같은법 제22조 1항에 따라, 사용자는 이 시용기간 동안에는 예고기간 없이 언제든지 해고할 수 있다. 그러나 시용기간이 경과한 이후에는 일반해고

(징계해고 및 통상해고)는 불가능하고, 즉시해고만이 가능하다는 것이 특이점이다(같은법 제22조2항1호). 즉, 예고기간을 준수할 필요 없이 즉시해고를 할 만한 중대한 사유가 존재할 경우에만 해고가 가능하다는 것이다. 이때에는 반드시 해고의 사유를 명시해야 한다(같은법 제22조 3항). 반면에 직업훈련생 본인은 시용기간이 경과한 이후에도 4주의 예고기간 준수로 언제든지 직업훈련생계약을 종료할 수 있다(같은법 제22조2항2호).

같은법 제17조 1항에 따라 직업훈련생에게는 훈련생의 연령에 맞추어 적정한 수준의 보수를 지급하도록 하고 있다. 또한 매년 소액의 인상이 이루어도록 법적으로 규정하고 있다. 직업훈련생에 대해서는 훈련생보수(Ausbildungsvergütung)가 지급되는데, 그 액수는 대상 직업의 종류와 회사에 따라 천차만별이다. 사무직업의 경우 대략 월 700~800 유로 가량 지급되고, 뒤에서 살펴볼 폴크스바겐의 경우 대략 800 유로 이상의 훈련생보수를 지급하고 있다. 훈련생도 역시 사회보험료 납부의무가 있는데, 만약 급여가 325 유로를 초과하지 않을 경우, 모든 사회보험료를 사용자가 부담해야 한다(사회법 4권 제20조3항1호).

직업학교의 졸업은 해당 직업학교와 상공회의소(또는 수공업회의소)가 주관하는 졸업시험을 통과함으로써 이루어진다. 졸업(증서)에는 3가지 종류가 있는데, 수공업(Gesellenbrief), 기술직

(Facharbeiterbrief), 사무직(IHK-Prüfungsbrief)으로 구별된다. 졸업생은 훈련생으로 근무했던 기존의 회사와 정식 근로계약을 체결하거나, 혹은 다른 회사를 개별적으로 접촉하여 근로계약을 체결함으로써 정식으로 직업인의 길을 걷게 된다. 만약 졸업시험에서 불합격할 경우 2회에 한하여 재시험의 기회가 허용된다(같은법 제37조1항). 불합격한 훈련생은 본인이 원할 경우 다음 재시험때까지 회사와 직업훈련과정을 연장할 수 있으나, 그 연장기간은 1년을 초과하지 못한다(같은법 제21조3항).

그리고 직업훈련생을 채용하고자 하는 회사는, 사내에 사용자의 위임을 받아 훈련생에 대한 교육 전반을 주관하는 직업훈련담당자(Ausbilder 혹은 Trainer)를 반드시 두어야 하는데, 직업훈련담당자는 해당 직종에 관하여 전문적인 업무지식과 숙련기능 그리고 기본적인 소양을 갖춘 자로서, 직업훈련생 훈련담당자 시험에 합격하여 자격을 갖춘 자이어야 한다(같은법 제28조 내지 30조). 직업훈련자의 자격시험은 해당 지역의 상공회의소(IHK)와 수공업회의소(HWK)에서 주관한다.

III 폴크스바겐의 개혁과 단체협약

　3장에서는 폴크스바겐의 개혁 사례를 살펴 보기로 하는데, 1990년 초부터 진행되었던 폴크스바겐의 개혁사례를 20여년이나 지난 오늘 (2016년 8월) 언급한다는 것이 부적절하게 보일 수도 있다. 또한 배출가스 조작 사건으로 연일 미국과 한국에서 폴크스바겐에 대한 법적 조치들이 제기되는 가운데, 회사에 대한 신뢰도가 떨어질대로 떨어진 시점에 그 회사가 과거에 해 왔던 개혁들이 무슨 의미가 있을 것인지에 대해 의문이 드는 것도 사실이다. 하지만 90년대 초 폴크스바겐이 처했던 상황(인력 초과, 제조업의 해외 이전 및 실업률 증가)이 우리에게는 여전히 현재진행형이고, 또한 폴크스바겐의 노사가 문제의 해결을 위해 선택했고, 성공을 거두었던 방식을 우리는 이제껏 한번도 합의는 커녕 시도 조차도 해보지 못했다는 사실은, 여전히 우리가 폴크스바겐의 사례를 깊이 들여다 보아야 할 이유가 된다. 더구나 노와 사가 상생을 위해 어느 정도까지의 불이익을 각자 감당 가능할 것인지에 대한 자체 점검과 실제 합의의 과정에서 이를 어떻게 합리적으로 조율해 낼지에 대해 중요한 실마리를 제공해 줄 수 있기에, 폴크스바겐의 개혁사례는 오늘의 우리에게 여전히 중요한 벤치마킹의 대상이 된다고 할 것이다.

폴크스바겐은 유럽 최대이자, 세계 2위의 자동차 제조회사이다. 전세계 33개국에 119개에 달하는 공장을 운영하고 있으며, 종업원 수는 2015년 현재 610,076명 이다. 니더작센 주 볼프스부르크 시에 주공장과 본사가 있다. 1937년 나치정권에 의해 설립되었고, 2차 대전 기간동안 군수물자 생산공장이었던 폴크스바겐은, 종전 후 1949년 영국 점령군 사령부에 의해 니더작센 주정부에 실질적인 경영이 이관되었고, 1960년 소위 폴크스바겐법이 제정되어 주식회사로 변경됨으로써 민영화되었다.

1. 폴크스바겐 법(VW-Gesetz)

폴크스바겐의 개혁 사례를 살펴보기 전에 이 회사의 특수한 상황을 먼저 이해하는 것이 필요하다. 이 법의 정식 명칭은 "폴크스바겐 유한회사의 민영화를 위한 법(Gesetz über die Überführung der Anteilsrecht an der Volkswagenwerk Gesellschaft mit beschränkter Haftung in private Hand; VW GmbH)"으로서 1960년 제정되었고, 당시 폴크스바겐 유한회사의 민영화와 주식회사로의 전환을 규율하기 위해 제정된 법이다. 간단하게 폴크스바겐법(VW-Gesetz)이라고 부른다. 이 법의 주요 내용은 아래와 같다.

●의결권 있는 주식의 20% 이상을 보유한 주주는, 그 20%를 초과

하는 주식에 대해서는 의결권을 행사할 수 없다(제2조1항).

- 연방정부와 니더작센 주정부는 폴크스바겐의 감독이사회에 2명의 이사를 지명하여 파견할 권한을 가진다(제4조1항).
- 주식법상 주식발행총수의 3/4 이상인 주총에서의 특별결의 정족수는 4/5 이상으로 한다(제4조3항).

독일의 주식(회사)법에 따르면, 주총에서의 특별결의를 위한 정족수는 3/4(75%)인데 반해, 폴크스바겐법(제4조3항)에서는 4/5(80%)로 의결정족수가 가중되어 있다. 이렇게 되면 폴크스바겐의 지분 20.1%를 보유하고 있는 니더작센 주정부의 의사에 반하는 어떠한 특별결의도 불가능하게 된다. 또한 의결권 있는 주식 20% 이상의 지분에 대해서는 의결권을 행사할 수 없게 되어 있으므로, 폴크스바겐의 경영권을 장악하기 위하여 20%를 초과하여 지분을 보유할 유인 또한 없게 된다.

2004년 4월 EU 위원회(European Commission)가 폴크스바겐법이 EU 역내 자본의 자유로운 이동을 저해한다는 이유로, 독일 정부에 폴크스바겐법을 변경할 것을 권고하게 된다. 그러나 독일 정부가 이를 거부하자, EU 위원회는 2004년 10월 유럽사법재판소(ECJ: European Court of Justice)에 독일정부를 제소하게 된다. 2007년 10월, 유럽사법재판소는 폴크스바겐법의 의결권 상한 규정과 연방정부와 주정부의 감독이사회 이사 지명권이 EU 법에 저촉된다고 판결하였고, 이에 따라 독일 정부는 폴크스바겐법을 변경 또는 삭제할 의무를 부담하게 되었다. 독일 정부는 2008년 5월 폴크스바겐법의 개정안을 제출하고, 같은 해 11월에 개정하기에 이른다. 그러나 주총 특별결의 정족수에 관한 조항이 그대로 있고, 또한 법률 개정안에서 생산공장 이전에 관한 결정을 감독이사회에서 단순과반수 의결 대신에 2/3 찬성으로 의결하도록 한 것에 대해 재차 갈등이 증폭되었고, EU 위원회는 2008년 9월에 재차 유럽사법재판소에 제소하였으나, 2013년 10월 기각 판결이 내려졌다. 독일 정부는 이 판결에 따라 법률 개정을 완료하게 된다.

유럽사법재판소는 니더작센 주정부가 가진 최소저지지분(20%-blocking minority)이 EU 법에 저촉되는지의 여부는 판단하지 않고, 독일정부가 판결의 내용을 좇아 법개정을 했는지 여부만을 판단함으로써 결과적으로 니더작센 주정부는 주총에서의 거부권을 계속 보유할 수 있게 되었다.

폴크스바겐(주)의 주식 분포 현황을 보면 다음과 같다(2015년 12월 31일 현재 의결권 있는 주식의 지분 분포임).

- 포르쉐 홀딩(SE) 52.2%
- 니더작센 주정부 20.0%
- 카타르(정부) 홀딩 17.0%
- 기타 10.8%

* 유럽주식회사(Societas Europaea: SE)는 2004년에 새로운 회사형태로서 도입된 제도이다. 이는 유럽 전역에 걸쳐 활동하는 회사에게 27개국의 법령과 관행이 상이한데서 발생하는 문제를 해결해 주기 위한 것이다. 독일 대기업의 감독이사회는 공동결정법에 따라 노사 동수로 구성된다. 이 구조의 비효율성이 지속적으로 문제되어 왔는데, 이는 유럽회사(SE) 제도를 통해 부분적으로 완화될 수 있게 되었다. SE는 미국식의 이사회제도와 독일식의 이원적 이사회제도를 선택할 수 있게 하므로, 독일 회사도 SE의 형태로 전환하면서 미국식 이사회제도를 선택하면 종래와 같은 수준의 종업원 대표의 경영참가는 회피할 수 있다. 이원적 이사회제도를 선택하는 경우에도 이사회 규모와 종업원 대표의 참가 수준을 협상에 의해 결정하도록 한다. 2009년 9월 기준으로 약 400개 이상의 유럽계 회사가 SE로 설립, 전환되었다(김화진, 2012, p. 946).

2. 모든 일자리에는 얼굴이 있다 - 페터 하르츠

당시 폴크스바겐의 노동이사였던 페터 하르츠의 저서를 통해 폴크스바겐의 혁신 사례를 생생하게 살펴보려고 한다. 대량해고를 피하기 위해 시도되는 새로운 방식의 설계를 위해 적용했던 '어디까지 감당해야 할 것인가?'에 대한 개념과 근로관계에 대한 유연화의 아이디어, 그리고 새로운 종업원상에 대한 개념 뿐 아니라, 생산성 향상을 위한 코칭기업의 중요성 그리고 장기적인 안목으로 종업원의 동기부여를 향상시키고, 퇴직 후의 생활까지 배려하는 기업노령연금에 관한 것까지 많은 아이디어를 담고 있는 책이다. 이 책은 1993년 10월부터 시작된 교섭이 타결되어 단체협약(1994/95)이 체결된 후의 시점에 쓰여진 책이다. 후술하는 폴크스바겐의 단체협약에 담겨진 주요 내용의 기본개념에 대해 두루 살펴볼 수 있는 내용으로 책이 구성되어 있기 때문에 이를 대비해서 보면 도움이 될 것이다. 몇몇 주요 내용을 살펴보도록 하자.

(1) 대량해고 사태에 직면한 폴크스바겐

1991년 당시 폴크스바겐의 경영이사회는 전 세계적 차원에서 기업의 사회적 책임을 강조했었다.폴크스바겐의 이름 아래 고용된 전세계 종업원들의 일자리를 안정시킨다는 복안이었다. 여기에는 당시 300,000명 가량의 종업원과 부품협력사에 속한 종업원 약 300,000명, 그리고 판매대리점 등에 속한 종업원 약 300,000명이 포함된다.

이 모든 것들이 당연히 경영상 무리를 불러 일으켰는데, 높은 비용을 감당할 수 있는 생산량을 맞추기 위해 공장을 풀가동시키고, 초과근로에 초과근로를 감수해야 했다. 결국 1992년에 닥친 갑작스런 경기침체로 인해 눌려져 있던 구조적인 문제가 밖으로 밖으로 불거져 나오게 되었다.

제임스 워맥(James Womack)과 대니얼 존스(Daniel Jones)가 수행한 MIT 연구보고서(자동차산업에서의 혁명: 린 생산방식 lean production이 처음 소개되었다)를 통해 유럽의 자동차 생산업체의 생산성이 일본의 자동차 생산업체에 비해 턱없이 낮은 것이 알려지게 되었는데, 일본 자동차 생산업체는 평균적인 유럽의 자동차 생산업체와 비교해 봤을 때 연구개발 기간은 절반 밖에 되지 않고, 자동차 한 대를 생산하는데 걸리는 시간도 절반 밖에 소요되지 않았고, 불량률도 절반이고, 그러면서도 높은 고객만족도를 유지하면서 자동차를 생산, 판매하고 있었다.

당시 폴크스바겐의 CEO인 페르디난트 피에히는, "세계 최고의 기업들에 있어서 부가가치 창출에 기여하는 프로세스와 그렇지 않은 프로세스의 비율은 1:200 이다(일본의 어느 유명한 외과의사가 고별강연에서 자신의 오진율이 25%라고 고백해서 모두가 놀랐다는 일화가 떠오른다. 강연에 참석한 의사들이 놀란 이유는 오진율이 너무 낮아서 였다고 한다. 물론 일반인은 그 반대의 이유로 놀랐지만). 우량

한 기업의 그것은 1:1,000 이고, 폴크스바겐의 그것은 1:5,000 이다. 만약 그 비율이 1:10,000 이 된다면 그 기업은 이미 파산해 있을 것이다. 바로 이런 이유로 우리는 좀 더 많은 것을 개선할 필요가 있다(Peter Hartz, 1994, p. 18)"고 하면서 폴크스바겐이 초과인력의 문제를 어떤 방식으로든 해결해야 할 필요성을 강조했다. 폴크스바겐이 할 수 있는 것은, 생산 프로세스를 가속화시키고, 가장 경쟁력있는 일본 자동차 생산업체와의 원가격차를 가능한 한 줄이는 것이었다.

80년대에 이미 폴크스바겐은 대량 감원을 경험한 바 있었는데(점진적은퇴제도와 명예퇴직을 통해 약 30,000명의 인원을 줄였다), 채 몇 년이 지나지 않아 다시 그와 비슷한 규모의 인원을 이번에는 정리해고를 통해 줄여야 할 지경에 이르렀다. 만약 계획에 따라 정리해고가 진행되었더라면, 당시 폴크스바겐의 6개 공장 중 카셀 공장을 제외한 5개의 공장이 있던 니더작센 주는 아마도 독일에서 가장 암울한 지역이 되었을 것이다. 만약 그랬다면 당시 니더작센 주 지사였던 슈뢰더가 1998년의 총선에서 승리할 수 있었을까. 폴크스바겐은 '해고 대신 비용절감(Kost statt Köpfe)'이란 표어를 내걸고 이제까지 경험하지 못한 혁신적인 안을 놓고, 이 안을 교섭사항으로 받아들인 금속노조와 끈질긴 협상을 벌이게 된다.

페터 하르츠의 생각을 직접 들어보자. "만약 높은 비용이 소요됨에도 불구하고 사회적 안전망이 잘 갖춰지고, 질 높은 교육훈련이 보장되고, 추가적인 복리후생이 제공되는 일자리가 가치있는 것이라고 믿는다면, 그리고 높은 수준의 경영참여(공동결정제)에 의한 특별한 노동자 보호가 보장된 일자리가 진정으로 가치있는 것이라고 믿는다면, 그것들은 '보이지 않는 제 2의 임금'으로 평가되어야 마땅하다. 그렇다면 '제 1의 임금', 즉 원래 의미의 임금에 대해 어느 수준까지의 인하는 감당하겠다고 양보할 준비가 되어 있어야 한다. 더구나 일자리에 따르는 회사의 총비용 증가가 전적으로 노와 사의 문제가 아닌, 제 3의 요인에 의해 영향을 받았다면, 더더욱 양보할 준비는 필요할 것이다. 고용주 입장에서는 총임금액을 고려해야 하지만, 종업원 개개인에게는 총임금액에서 세금 및 사회보험료 등이 공제된 순임금액만 보일 것이다. 어쩌면 이것이 문제를 풀 실마리를 제공해 줄 지도 모르겠다. 왜냐하면 순임금액에서 상대적으로 적은 금액만 '희생'되어도, 각종 공제금액의 총임금액에 대한 레버리지 효과로 인해 회사 입장에서는 상당한 비용절감이 가능해질 것이기 때문이다". 실제로 회사는 금속노조와의 교섭을 성공적으로 마치게 되었고, 이 협상의 성공에 따라 종업원은 고용을 보장받았고, 회사는 대략 20억 마르크(약 1조 5천억원) 이상의 비용절감을 이룰 수 있게 되었다(Peter Hartz, 1994, pp. 16~25).

(2) 감당 가능한 수준은 어디까지인가?

　기업의 경쟁력 제고를 위해 그리고 현재의 일자리를 계속 유지하기 위해 '폴크스바겐 방식'이 제안되었는데, 이것은 초과인력으로 인해 발생하는 비용을 가능한 한 줄이는 것이었다. 주 4일 근무, 주당 노동시간의 감소(28.8시간), 유연한 근로관계의 재설계, 고령노동자와 젊은 노동자간 인력구조의 재편, 그리고 노동시간의 단축을 통한 추가고용의 가능성이란 여러 문제들을 아우르는 노동시간-임금에 관한 새로운 모델이 필요했다. 하지만 그 새로운 모델을 과연 노와 사가 충분히 감당할 수 있을 것인가란 현실적인 문제가 앞을 가로막고 있었다. "감당 가능한" 수준을 찾고, 이를 설득하는 것이 향후 노사관계의 핵심사항이 될 것이었다.

 그의 말을 들어보자. "강력한 정책이 시행되기를 기다리기만 해서는 안된다. 기업가도 그렇고, 노동조합의 조합원들도 마찬가지이고, 각 개인에게도 또한 적용되는 말이다. 문제 해결을 위한 방안을 만들 수 있는 잠재된 능력은 실제로 우리 모두에게 있다. 그 잠재력은 전체 시민사회의 참여 속에 있고, 또한 새로운, 하지만 불편할 수도 있는 해결방식 속에 있는 것이다. 새로운 방식이 과연 각 개인들이 '감당할 만한 것인가?' 하는 것은 향후에도 정책 수립에 있어서 항상 핵심적인 논의사항이 될 것이다. 미래에 끌려다니지 않고, 미래를 주도적으로 창조할 수 있고, 또한 실제로 변화를 추동해 낼 수 있기 위해서는 우리에게 적절한 시간과 공간이 필요하다. 폴크스바겐은 이 두 가지를 우리에게 제공해 줌으로써 종업원들이 비용절감을 위한 커다란 기여를 스스로 감당할 수 있게 해 주었다. 이로써 노동자 모두가 일자리를 유지할 수 있게 되었던 것이다"(Peter Hartz, 1994, pp. 28~42).

독일의 생산입지 논쟁과 관련해서, 이미 독일의 단점으로 알려져 있는 것은 높은 인건비, 높은 세금, (공동의사결정으로 인한) 의사결정의 지연 등이고, 장점으로는 사회적 안정, 잘 갖춰진 사회기반시설, 높은 교육수준 등이다. 그러나 폴크스바겐이 직면한 문제에 대한 새로운 해결방식은 이제껏 알려져 있던 이런 점들 이외의 어떤 것이어야 했고, 또한 이데올로기와는 무관한 것이어야 했다. 페터 하르츠는 특히, "감당 가능한 정도(Zumutbarkeit)"에 대한 개념을 새로 발굴하고, 정의하는 일은 폴크스바겐의 담장을 넘어서, 향후 정치사회적으로 중요한 과제가 될 것이라고 전망했다.

폴크스바겐에서 이제 "감당 가능한 정도(Zumutbarkeit)"라는 개념은 문제해결을 위한 핵심적인 키워드로 떠올랐다. 감당 가능한 (zumutbar)이란 용어는 사회법적 용어로 많이 쓰이는 것이다. 실업급여 지급의 제한요건 판단기준으로 쓰이거나, 사회부조 급여지급을 위한 기준으로 사용되고 있다. 이를 폴크스바겐에서는 그 개념을 좀 더 확장시켜서 새로운 근로시간모델 등 유연화모델을 설계하는데 응용했다. 폴크스바겐에서 사용하는 "감당 가능한(zumutbar)"에 대한 개념은 아래의 4가지 차원으로 나누어 볼 수 있다.

- 금전적(물질적)인 면: 주 4일 근무제를 도입하면서 줄어드는 급여와 관련해, 고임금을 받는 종업원이 저임금을 받는 종업원보다 더 많은 부담을 감당할 수 있다. 즉, 소득이 올라감에 따라 감당해야 할 부담의 정도는 줄어들기 때문에, 근로시간모델의 설계시 이를 적절하게 반영해야 한다. 생애경력주기를 기준으로 이를 살펴볼 수도 있다. 즉, 입사부터 퇴직까지 생애경력주기에서 입사단계는 근로시간 유연화를 받아들이는 정도가 중간 정도 되었다가, 감당 가능한 수준이 점점 줄어들어서, 결혼적령기에 도달하고 회사 내에서 경력관리를 하는 시점에서는 가장 줄어들고, 이후 늘어나다가 퇴직 시에는 감당 가능한 수준이 높아진다. 이것이 후술할 릴레이모델에서 고려된 전제였다.

- 기능적인 면: 해고보다는 직무능력향상훈련이 훨씬 감당 가능하다. 후술하는 블록모델의 설계시 고려되었던 개념이다. 코칭기업에서 3개월에서 길게는 6개월까지 직무능력향상 교육훈련 또는 전직교육훈련을 받는 것이 해고보다는 본인에게 감당 가능할 것이다.

- 지리적인 면: 전환배치를 고려할 때 늘어난 출퇴근 왕복거리가 감당 가능한 정도이냐에 관한 것이다. 실제 대중교통 수단을 고려할 때 볼프스부르크 공장 종업원의 대부분이 6개 폴크스바겐 공장 중에서 4개 공장에 전환배치가 감당 가능한 거리 이내에 거주하고 있는 것으로 파악되었다.

- 사회적인 면: 결혼 여부 및 지역사회 내에서의 청년취업과 노령자 은퇴의 문제 등과 관련된 것이다. 후술할 릴레이모델 설계시 이러한 점들이 고려되었다.

감당 가능한 정도(Zumutbarkeit)라는 개념에 기반한 새로운 모델이 실제 종업원에게 어떻게 받아들여졌는지에 대해서, 주 4일 근무제가 도입된 지 1년 반 정도 경과 후인 1995년에 설문조사가 실시되었다. 폴크스바겐의 새로운 시도(주 4일 근무)에 관하여, 일반 시민들에 대한 설문조사와 폴크스바겐 종업원에 대한 조사를 대비시켜 본 것인데, 일반시민 51%는 폴크스바겐의 새로운 모델에 대해 일자리를 유지하기 위해 적절한 제도라고 응답했다. 아니라는 응답이 20%였고, 29%는 '모르겠다'고 응답했다. 새로운 모델의 도입으로 소득의 약 15%가 차감되었던 당사자인 폴크스바겐 종업원의 49%가 만족한다(10%는 아주 만족)고 응답했다. 불만족이라고 응답한 비율은 16%에 불과했다. 이처럼 새 모델에 대한 수용도는 높은 것으로 조사되었다(Peter Hartz, Das atmende Unternehmen, 1996, p. 18).

페터 하르츠는 '감당 가능한 정도'의 개념을 설명하기 위해 존 롤스의 정의론을 등장시킨다. 불평등을 허용하되, 그 사회의 최소 수혜자에게 그 불평등을 보상할 만한 이득을 가져올 경우에 그 불평등은 정당하다는 존 롤스의 차등의 원칙을 인용하고 있다. 그의 말을 들어보자. "최소 수혜자에게 이득을 주든가 혹은 약자에게 가장 적은 불이익을 주는 것이면 그 조치를 사람들은 정의롭다고 받아들인다"(Peter Hartz, 1994, p. 40). 바로 이것이 폴크스바겐이 주 4일 근무제를 도입하면서 했던 전제, 즉 소득이 높은 종업원이 소득이 낮은 종업원보다 근로시간단축으로 인한 경제적 부담을 훨씬 더 많이 감당할 수 있을 것이란 가정을 정당화하는 근거가 된 것이다. 약자가 덜 부담하게 되면 그 약자는 상대적으로 어떤 조치가 감당할 만하다고 느낄 것이기 때문이다.

페터 하르츠는 '미국의 민주주의'를 쓴 알렉스 드 토크빌도 인용하고 있는데, 이른바 혁명에 관한 토크빌의 역설이다. 즉, 사람들은 사회적 상황이 개선됨에 따라 점점 더 불행을 느끼며, 아직 시정되지 않은 문제점들을 더 참기 힘든 것으로 받아들이면서, 점점 더 그 문제들을 감당하려고 하지 않게 되고, 그때 혁명이 일어난다는 것이다. 어디서 이런 모순이 생기는 것일까? 사람들은 상황이 개선되는 속도보다 기대가 커지는 속도가 더 빠르기 때문에 이런 현상이 생긴다고 할 수 있다. 사람들이 현재 자신보다 비슷하게 가졌거나, 덜 가진 사람과 자신을 비교하는 것이 아니라, 현재 자신보다 훨씬 많이 가진 사람과 자신을 비교하기 때문이다. 다른 사람이 가진 것 만큼 내가 가지지 못한다면 나는 불행해지고, 다른 사람이 가진 것 만큼 내가 가지게 된다면, 그건 단지 내가 벌써 가졌어야 했던 것을 이제야 가지는 것이 된다"(Peter Hartz, 1994, p. 41).

페터 하르츠는 이런 역설을 구 동독지역 주민들의 예를 들어서 설명하고 있다. 구 동독주민의 87%가 지금의 사회적 상황보다 동독시절의 상황이 훨씬 좋았다고 생각한다는 것이다. 그들은 현재 독일 전체의 평균 수준에 거의 도달해 있는데도 말이다. 너무 앞서나간 기대감이 사람들을 불행하게 한 것이다. 그래서 페터 하르츠는 토크빌의 역설의 반대상황에 대해서 주목한다. "상황이 점점 나빠지고 있는데도 사람들은 만족해 한다." 대량해고에 직면한 폴크스바겐의 종업원들에게도 이런 사고실험(Gedankenexperiment)의 결과를 적용해 볼 수 있지 않을까라고 그는 생각한다. 더 많이 가지려고 싸우는 것이 아니라, 어려운 시기에 위기를 극복하기 위해 함께 한다면 위의 역설과 같이 상황이 나빠져도 행복해 질 수 있고, 그것은 하나의 정신적인 일대 도약이 될 수 있을 것이기 때문이다.

폴크스바겐은 새로운 근로시간모델의 도입을 통해 대량해고의 문제를 함께 극복했고, 이런 경험을 통해 노사의 잠재력을 확인하면서 다시 경쟁력을 되찾을 수 있게 되었는데, 이 과정에서 '어디까지 과연 감당 가능한가?'에 대한 사고의 지평을 확장시킴으로써, 노사간 상생의 새로운 장을 열었다고 말할 수 있다.

(3) 새로운 종업원상: M4-종업원

후술할 아우토 5000 프로젝트의 가장 핵심적이고도 새로운 시도는 채용에 관한 것이었다. 제프리 페퍼가 지적한 바 있듯이, 인적자

원관리의 시작은 우선 좋은 사람을 채용하는 것이다. 기업이 지속가능한 경쟁우위를 확보하기 위해서는 좋은 인재를 뽑아서, 교육훈련을 통해 지속적으로 자질을 향상시키고, 오랫동안 회사에 남아 있게 하는 것이 핵심일 것이다. 테일러리즘이 지배적이었던 시기에는 모든 작업공정이 가능한 한 최소의 단위로 분석되고, 나누어진다. 작업자에게는 가장 단순한 작업을 사전에 정해진 방식대로만 작업해야 한다. 스스로 생각할 필요는 없다. 극도의 분업과 작업통제를 통해서 작업자는 단순한 동작만이 필요하다. 세세한 작업지시를 통해 작업자의 재량은 극도로 제한된다. 그러나 이제 작업 현장의 풍경은 확연히 달라졌다. 비대한 조직이 간소화되면서 종업원에게 요구되는 자질도 변화되었다. 주로 여러 작업자들로 구성된 작업팀으로 조직되고, 통합적인 과업이 주어진다. 생산과업 외에도 조직, 기획 및 통제기능까지 작업팀에게 주어진다. 준자율적 작업팀은 인력충원과 교육훈련에 관한 사항에 대해서도 자율적으로 결정한다.

페터 하르츠에 따르면, 폴크스바겐이 원하는 종업원은 다음의 4가지 특성을 갖출 것을 요구받는다. 높은 생산성과 지속적인 혁신을 가능하게 하고, 이를 통해 경쟁에서 살아남기 위해서는 반드시 갖추어야 할 역량이며, 장기적인 고용가능성을 높이는데 필요불가결한 역량이다(Peter Hartz, 1994, pp. 112~127).

- multifunktional(multifunctional): 그의 두번째 책(숨쉬는 기업,

1998)에서는 mehrfachqualifiziert(multiple qualified)로 바뀌었
는데, 다기능형 종업원의 의미이다. 미래의 직무는 복잡한 양상
을 띠게 되므로, 현재의 직무에서 요구하는 것 이상의 기능(지
식)을 보유하고 있거나, 보유하려고 해야 한다는 뜻이다. 주로
혁신, 기획, 인사, 경영학적 관리 등의 추가적인 기능(지식)을 직
무능력향상훈련을 통해 습득해야 한다. 특히 작업팀 위주로 업
무가 행해지므로, 개인적인 성과보다는 집단의 성과에 기여해야
하고, 이를 위해 필요한 역량을 말한다. 당장 보여줄 수 있는 스
펙으로서의 의미보다는, 새로운 기능(지식)을 갖추려는 준비된
자세, 학습지향의 자세, 기본적인 학습능력 등의 의미로 이해해
야 한다.

● mobil(mobile): 폴크스바겐과 같이 전세계적인 차원에서 기업
을 경영하는 입장에서는 국내에서의 근무지 변경 뿐만 아니라,
해외로의 근무지 변경도 점점 늘어날 것이다. 이전에는 우리 기
업도 본사와 근로계약이 체결된 상태에서 주재원을 해외로 파견
했으나, 요즘은 해외법인에 근무할 직원은 해외법인과 직접 근
로계약을 체결하게 하는 식으로 많이 바뀌었다. 폴크스바겐은
근로계약이 아닌 일정기간 '용역계약'을 맺어서 해외공장에 근
무할 종업원을 파견하는데, 이처럼 국내외를 불문하고 고용이
있는 곳에는 어디든지 가겠다는 자세를 갖추는 것이 필요할 것
이다.

- mitgestaltend(co-designing): 기업조직에서 분권화가 진행되고, 수평적인 조직으로 변하면서 점점 더 요구되는 역량이 의사결정 과정에의 참여능력이다. 이를 위해서는 종업원의 능력도 중요하고, 참여의지도 중요하며, 또한 회사의 의사결정구조가 종업원의 참여를 허용하느냐의 여부도 중요한 요소가 된다. 독일식 공동 결정제도에서 더욱 많이 요구되는 역량이기도 하다. 특히 팀작업에 있어서는 함께 의사결정을 만들어가는 이러한 역량이 더욱 요구될 것이다. 위로부터 내려오는 지시를 기다리는 방식은 더 이상 설 자리가 없다. 폴크스바겐이 공을 들이고 있는 '지속적 개선작업(KVP)'의 핵심은 현장에서 문제를 직접 처리하는 것이다. 이를 위해서는 더 많은 책임감과 함께하는 의사결정을 통해 회사를 함께 만들어가려는 자세를 갖추는 것이 요구된다.

- menschlich(humanly): 기업문화가 점점 바뀌어가고 있다. 지금까지 기업은 (근로)계약에 따라 모여진 사람들이 공통의 목적을 위해 공동으로 움직이는 결합체였다면, 이제는 비전을 함께 공유하는 사람들이 모인 집단이 되어야 한다고 많은 사람들이 생각한다. 그에 따라 리더십의 개념도 바뀌고, 기업윤리도 달라지고 있다. 직장내에 사람의 냄새가 풍겨야 한다는 것이다. 예상되는 변화에 대해 비교를 해 본다면, 지금까지 기업의 목표는 숫자로만 표시되고, 위계질서 안에서, 종업원은 오직 생산요소로만 파악되고, 조직내 상하간 불신 속에서, 모든 것의 기준이 자

기자신이었고, 계획과 지시가 위에서만 내려오고, 종업원은 개인적인 요구에만 매몰된 자세를 보이며, 자발적인 자세는 없고 마지못해 움직이며, 갈등과 부조화가 만연하고, 비인간적인 리더십으로 인해 회사와 종업원은 각각 별개의 존재로 겉돌았다면, 지금부터 경영진은 윤리적인 가치로 비전을 제시하며, 관리방식이 가치사슬에 따라 서비스 방식으로 바뀌며, 종업원은 회사의 파트너로 대우 받으며, 조직내 상하간에 상호신뢰의 관계가 형성되며, 모든 것의 기준이 고객과 회사의 이익이 되고, 의사결정은 현장에서 책임감과 함께 이루어지며, 모든 프로세스가 고객지향으로 되고, 낭비요소가 제거되며, 자발적으로 새로운 가치를 위해 투신하며, 업무에서 항상 참여적인 자세를 견지하고, 다른 종업원과의 조화를 이루어, 직장내에서 만족을 얻으며, 인간적인 리더십이 사내에 정착됨으로써, 미래에는 종업원이 폴크스바겐에서 일한다는 자부심을 가지게 되는 그런 조직으로 재탄생될 것이며, 이를 위해 요구되는 역량이 바로 인간적인 종업원상이다.

이 4가지를 페터 하르츠는 폴크스바겐의 새로운 종업원상으로 제시하면서, 'M4-종업원'으로 불렀다. 4가지 특성을 의미하는 독일어의 두음이 모두 'm'으로 시작되기 때문에 붙인 명칭이었다. 페터 하르츠는 이런 작명을 좋아하는 듯 한데, 한때 언론에서 최악의 작명으로 꼽힌 'Ich-AG'라는 단어도 하르츠위원회에서 만든 것이었다.

'나홀로 주식회사'라고 번역되기도 했는데, 실직자를 위한 창업지원금의 명칭 치고는 너무 얼토당토않는 용어였다.

(4) 새로운 근로시간모델의 실험 - 주 4일 근무제, 블록모델 및 릴레이모델

1993년 폴크스바겐은 당장 감원을 통해 약 20억 마르크의 비용을 절감해야 했다. 자체 계산으로 전체 종업원의 대략 1/3이 감원 대상이 될 상황이었다. 약 30,000명의 인건비에 해당하는 비용을 절감할 방법이 무엇인지 찾아야 했다. 그러면서도 약 100,00명의 종업원 중에서 한명도 해고되지 않을 묘안이 필요했다. 불가능한 과제가 눈앞에 던져진 꼴이었다. 3가지 대안이 가능했다.

- 30,000명의 정리해고
- 광범위한 조업단축(Kurzarbeit)의 시행
- 전체 종업원을 대상으로 한 임금보전 없는 근로시간 단축

문제는, 폴크스바겐이 창립 이래 한번도 경영상 해고라는 극단적인 조치를 취해 본 적이 없었다는 것이다. 부분적으로 시행 중인 조업단축을 확대하자는 목소리가 높았다. 그렇지만 정부로부터 지원되는 조업단축지원금(Kurzarbeitergeld)은 최고 2년까지만 보장된다. 그 후에도 여전히 초과인원의 문제는 남아 있을 것이다. 언 발에 오줌누기식의 방법으로는 이 위기를 해결할 수 없었다. 여기서도 역시 '감당 가능한 정도(Zumutbarkeit)'라는 개념에서 해결의 실마리

를 찾을 참이었다. 임금 보전없는 근로시간단축으로 인한 종업원의 부담이 감당 가능한 정도가 되면 되지 않겠는가라는 생각이 해결의 실마리를 제공했다. 이 개념에 기대면 다음과 같은 논리가 가능해진다. 고통을 공평하게 분담한다면, 당장의 고통 또는 부담은 이 제도의 시행으로 얻게 될 장기적인 이익 혹은 장점을 통해 상쇄되기 때문에 감당 가능하다(!). 금전적으로 감당 가능하다는 것은, 높은 연봉을 받는 종업원은 낮은 연봉을 받는 종업원보다 좀 더 많은 소득감소를 감당할 수 있다는 것을 의미한다. 소득이 낮은 종업원은 거의 대부분의 소득을 생활비로 써버릴 것이기 때문에 적은 액수의 소득감소도 감당하기 쉽지 않을 것이다. 폴크스바겐은 이런 관점에서, 직업교육이 끝난 후, 정식직원으로 채용된 직업훈련생들에게는 첫 2년 동안의 주당 20시간에 따른 상대적으로 적은 급여도 감당 가능한 것으로 보았다. 왜냐하면 어쨌든 직업훈련생수당보다는 훨씬 많은 급여를 받을 것이기 때문이다.

위의 3가지 대안별로 인건비 절감의 비율을, 생산되는 자동차 1대당 인건비로 나타낸 계산식도 아주 설득력이 있다. 조업단축을 시행했을 경우의 자동차 1대당 인건비를 100으로 놓고 봤을 때, 정리해고로 인한 인건비는 94%(즉, 6% 상대적 절감)이고, 주 4일 근무제로 인한 인건비는 87%(즉, 13% 상대적 절감)였다. 회사와 종업원 개인 뿐만 아니라, 지역 전체를 위해서도 가장 좋은 대안은 전체 종업원을 대상으로 한 임금보전 없는 근로시간 단축이었다. 아래에 폴크스바겐이 새롭게 도입할 근로시간모델에 대해 간략하게 살펴보기로 한다(Peter Hartz, 1994, pp. 60~92).

a. 주 4일 근무제

임금보전 없는 근로시간의 단축은 모든 종업원에게, 그리고 경영진에게도 똑같이 적용될 것이었다. 예외없는 고통 분담인 셈이다. 이것은 연대의 정신에도 부합하는 것이고, 경영진이 앞장서서 모범을 보이는 면도 있다. 줄어든 급여로 인한 부담이 감당 가능한 것이 되도록 노와 사가 갖은 묘안을 짜내는데, 기존에 받던 월급여액(36시간 근무제 기준)을 28.8시간 근무제에서도 동일한 수준으로 맞춤으로서 종업원의 매월의 생활리듬이 깨지지 않도록 하기 위한 것이었다. 자세한 내용은 후술할 1994/95 단체협약을 참고하기 바란다. 반복을 피하기 위해 여기서는 설명을 생략하기로 한다.

b. 블록모델(Blockzeitmodell)

주 4일 근무제에 더하여 보충적으로 두 개의 새로운 모델을 시행하게 되는데, 블록모델과 릴레이모델이 그것이다. 블록모델은 학습조직과 관련된 근로시간모델이고, 릴레이모델은 신입자와 고령직원과 관련된 근로시간모델이다.

블록모델에 따르면, 대개 3개월에서 6개월 가량 근로관계가 중단되면서 대상 인원은 기능(지식)의 확대 및 심화를 위해 직무능력향상훈련에 투입되게 된다. 근로관계가 중단되는 이 시기는 교육훈련 기간이 된다. 이를 위해 코칭기업(Coaching Company)을 자회사로 설립했다. 이 근로시간모델의 대상은 18세에서 30세 사이의 종업원으로서, 폴크스바겐 전체로 볼 때 대략 40,000명 정도가 해당된다. 이 중에서 회사 경영상의 필요에 따라 최종 대상자가 선발될 것이었다. 블록모델의 적용 대상자의 수는 생산계획에 따른 초과인원의 증감에 따라 달라질 것이다. 생산을 줄여야 할 시기에는 더 많은 인원이 대상자로 선발될 것이고, 증산의 시기에는 줄어드는 식으로 유연하게 이 모델이 운용된다. 대상자를 선발하는 기준으로 다시 감당 가능한 정도(Zumutbarkeit)가 등장한다. 교육에 투입되는 것에 대해서는(소득이 줄어드는 것에 대해) 보다 젊은 직원이 상대적으로 덜 부담이 될 것이다. 최소한 가족부양에 대한 부담은 없을 것이기 때문이다. 이 모델의 시행에 따른 지원책은 근로촉진법(AFG)에 따른 지원과 회사 자체의 지원으로 이루어질 것이고, 역시 줄어드는 급여액이 당사자에게 감당 가능한 정도가 되도록 지원금의 액수가 고려될 것이다.

c. 릴레이모델(Stafettenmodell)

세 번째 새로운 근로시간모델은 소위 릴레이모델이다. 마치 계주경기를 하듯이 막 직업훈련생계약 관계가 끝나고 정직원으로 채용된 신입직원과 고령직원간에 세대간 계약을 맺은 것처럼 근로관계를 넘겨받는 방식이라고 이해하면 될 것 같다. 고령직원이 젊은 신입직원을 위해 일자리를 내어 주는 것이다. 신입직원은 첫 해에는 적게 일하고, 점점 주당 근로시간이 늘어나게 되며, 반면에 고령직원은 점진적은퇴제도(Altersteilzeit)에서와 같이 은퇴시기가 다가올수록 근로시간을 점차 줄여나가게 된다.

폴크스바겐에서는 가능하면 많은 직업훈련생계약을 통해 훈련생을 채용하려고 노력하는 것이 전통으로 되어 있다. 폴크스바겐은 이것을 사회적 책임의 하나라고 이해하고 있다. 매년 약 4,000명이 폴크스바겐과 직업훈련생계약을 체결하고, 이 중에서 약 1,400명이 최종적으로 교육과정을 수료한다. 이후 이들에게는 3년 6개월동안 이 모델이 적용되는데, 직업훈련을 마치고 정직원으로 채용되고 나면 우선 24개월동안은 주당 20시간, 그 다음 42개월까지는 주당 24시간, 그리고 42개월부터는 주당 28.8시간이 적용된다.

신입직원에게는 점점 늘어나는 근로시간이 적용되는데 반해서, 고령직원의 근로시간은 점점 줄어들게 된다. 기본적으로 고령직원을 위한 릴레이모델은 50세부터 적용되는데, 이때부터 은퇴시점까지 주당 근로시간이 점점 줄어든다. 줄어드는 근로시간을 어떻게 설계할지는 개인별로 다르다. 1994/95년 단체협약으로 도입된 주 4일 근무제에 따라 주당 근로시간이 36시간에서 28.8시간으로 줄어들었는데, 50세에서 55세까지는 주당 28.8시간, 그리고 56세부터 59세까지는 주당 24시간, 그리고 60세부터 62세까지는 주당 20시간을 근무하게 된다. 신입직원과 거꾸로 주당 근로시간이 적용되는 셈이다. 이것은 앞에서도 말했듯이 세대간 계약을 맺은 것과 같은 모양이다. 고령 직원은 젊은 직원을 위해 근로시간과 소득을 양보하는 것이다.

위에서 살펴본 세가지 근로시간모델은 상호 보완적으로 이루어지는데, 릴레이모델이 가장 유연하게 두 제도에 대해 보충적으로 적용된다. 대략 살펴 보았는데, 이런 방식이다 보니 각각의 조합에 따라 변형이 이루어져서 폴크스바겐에서도 그렇고 BMW에서도 마찬가지이고, 한 기업 내에 근로시간모델이 200가지가 넘는다고 말해지는 것이다.

3. 폴크스바겐의 아우토 5000 프로젝트 - Project Auto 5000x5000

2010년 이후 화려하게 부활했지만, 독일은 2000년대 초반 여전히 낮은 경제성장, 그리고 실업률 증가 등 어려운 노동시장의 상황 때문에 유럽의 병자(The real sick man in Europe, 이코노미스트지, 2005.5.19.)라고까지 불렸다. 그러나 이미 그 이전인 1990년대 중반에도 큰 위기를 겪었는데, 당시 많은 제조기업들이 동구권 소비에트 블록의 몰락과 세계화의 영향으로 동구권으로의 생산기지 이전계획을 경영상의 당연한 조치라고 인식하고 있었다. 이때는 어떻게 하면 해외로의 생산기지 이전을 막고, 독일 내의 고용을 유지시킬 것인가가 초미의 관심이었던 시기였다. 생산입지 또는 경제입지로서의 독일의 위상이 근본부터 흔들렸던 위기의 시기였다.

1999년 폴크스바겐은 애초 동구권(슬로베니아)에 미니밴인 투란(Touran) 생산공장을 설립하기로 했던 계획을 수정할 여지를 밝히는데, 조건은 현재 폴크스바겐이 체결하고 있는 단체협약이 아닌 다른 특별한 단협이 적용되는 생산공장(볼프스부르크 지역)에서의 생산이었다. 당시 많은 기업들이 생산기지를 해외로 이전할 계획을 세우면서, 고용조정이 대두되던 시기였다. 폴크스바겐이 기존에 체결하고 있던 임금협약으로는 새로운 고용은 커녕, 생산의 해외이전을 적극적으로 고려해야 할 상황이었는데, 이때 고용유지를 위한 저비용 모델로서 등장한 것이 아우토 5000 x 5000 프로젝트였다. 폴크스바겐 주공장이 위치한 볼프스부르크시는 당시 18%를 넘는 기록적인 실업률을 보이고 있었는데, 이것은 독일 전체 평균 실업률의 2배에 달하는 것이었다. 회사 창립 60주년을 맞았던 1998년에 폴크스바겐은 어떻게 하면 지역사회의 이러한 문제를 같이 끌어안고 해결할 수 있을지를 고민하고 있었고, 어떤 방식으로든 이 문제의 해결을 위해 회사가 적극 노력하겠노라는 발표를 한 바 있었다.

폴크스바겐의 제안에 대해, 금속노조(IG Metall)는 이 노동유연성 보장 요구를 수용함으로써 다른 단체협약의 체결을 위한 교섭에 부정적인 영향을 미치지 않을까 하는 우려를 하지 않을 수 없었다. 그러나 이 제안(계획)에 따라 새로 채용될 노동자는 이미 실업의 상태에 오래 있었든지, 아니면 곧 일자리를 잃을 상황에 놓인 사람들이었으며, 이들은 이 제안이 제시한 것보다 더 유연한, 말하자면 더 열악한 근로조건도 받아들일 수 밖에 없는 처지에 놓여 있었다는 것은 팩트였다. 많은 우려가 제기되었는데, 특히 실업자를 채용하여 경쟁력있는 자동차를 생산한다는 것에 대해 일방적인 의구심이 많았다. 동일한 구역에 있는 두 개의 공장에 대해 조건이 서로 다른 두 개의 단체협약이 체결되어 진행되는데도 불구하고 이 프로젝트가 지속될 것인지, 짧은 시간 안에 3,500명에 달하는 종업원을 어떻게 자동차산업에 적합한 노동자로 탈바꿈시킬지, 생소한 방식에 의해 선발된 종업원들이 혁신적인 생산방식과 공정에 적용할 수 있을지, 단일임금이 지속적으로 유지될 수 있을지, 노동조합과의 관계 및 노사관계는 어떻게 전개될지에 관한 우려였다(Hartmut Meine/Helga Schwitzer, 2006).

(1) 아우토 5000 프로젝트의 진행경과

- 1999년 11월. 폴크스바겐 사의 노동이사였던 페터 하르츠(Peter Hartz)가 최초로 'Auto 5000x5000 모델'을 공개적으로 제안한다 (자세한 제안 내용은 후술할 2002/03 단협 참조). 임금을 5,000 마르크(약 2,556 유로)로 단일하게 적용하고, 실업자 5,000명을 채용하는 안이었다.

- 1999년 12월. 금속노조의 입장은, 기본적으로 제안에 대해 흥미가 있으나, 주 48시간 혹은 그와 유사한 조건을 담고 있는 제안이라면 거부한다는 것임(자세한 내용은 후술할 아우토 5000x5000 단협 참조).

- 2000년 2월. 금속노조는 단체협약 체결을 위한 폴크스바겐 단협 위원회 출범시킴. 금속노조 협상팀이 비공개회의를 거쳐 주요 의제를 확정함.

- 2001년 2월. 폴크스바겐은 동 프로젝트를 최초 언급한 지 1년이 지난 시점에 처음으로 '아우토 5000 x 5000 프로젝트'의 구체적 조건을 공개함.

- 2001년 3월 30일. 금속노조는 집중적인 내부 토론 후 협상을 진

행하기로 결정함.

- 2001년 5월 11일. 3차 교섭에서 폴크스바겐은 주 48시간의 노동시간을 고수함.

- 2001년 5월 21일. 4차 교섭에서 폴크스바겐이 주 48시간 포기를 처음으로 제시함. 첫 장애물은 통과했으나 여전히 갈등 산재.

- 2001년 6월 18일. 폴크스바겐이 주 42.5 노동시간을 제안함. 상황이 긴박해지고 프로젝트가 좌초될 위기에 처함.

- 2001년 6월 25일. 교섭이 중단됨. 금속노조는, 폴크스바겐이 도를 넘는 제안을 하고 있다고 비난함.

- 2001년 7월 11일. 금속노조와 폴크스바겐은 새로이 교섭에 임할 준비가 되어 있다고 시사함.

- 2001년 8월 10일. 페터 하르츠의 60회 생일파티에 참석한 슈뢰더 총리가, 교섭의 양 당사자가 의지를 가지고 교섭에 임하고 있으며, 이를 적극 지지한다고 자신의 견해를 공개적으로 표명함. 슈뢰더 총리는 협상의 타결을 위해 지속적으로 여론을 통한 압박을 했으며, 협상 타결 후 슈뢰더는 "이제 모든 기업과 노동조합은 이 성공사례를 외면할 수 없을 것이고, 이 사례를 통해 혁신적인 해결방안을 찾는 방법을 배웠을 것"이라고 강조함(페터 하르츠의 60회 생일파티에 총리가 헬기를 타고 날아왔다. 그만큼 하르츠의 위상이 당시 높았다).

- 2001년 8월 28일. 교섭 타결. 17시간의 마라톤 협상 끝에 금속노

조와 폴크스바겐간 'VW 5000x5000 프로젝트'를 위한 교섭이 타결됨.

- 2002년 3월. 폴크스바겐의 100% 자회사인 'Auto 5000 유한회사'가 설립(2001년 8월)되어, 실업자를 대상으로 채용 절차 시작함(실제 시작은 2001년 11월부터 였으나, 본격적인 입사지원은 2003년 3월과 5월 사이에 인터넷을 통해 이루어짐).

- 2002년 11월. 미니밴 '투란(Touran)' 생산 개시.

- 2005년 9월. 미니 SUV '티구안(Tiguan)' 생산을 위한 단체협약 체결(실제 생산 개시는 2007년 8월). 티구안 생산을 위한 신설 공장이 기존 골프(Golf) 차종의 조립공정과 연결됨으로써 동일한 공정에서 티구안과 골프가 교대로 조립 생산.

- 2006년 7월. 몇 차례의 파업을 거쳐 'Auto 5000 유한회사'의 종업원들이 처음으로 자신들을 위한 단체교섭 진행하여 포괄단협 및 임금단협 체결함. 이로써 Auto 5000 프로젝트를 위한 단체협약을 대체. 3% 임금 인상과 1년 단위의 보너스 지급에 합의함.

- 2007년 5월. 'Auto 5000 유한회사' 종업원들에 대해 '폴크스바겐의 단체협약'을 적용하기 위한 중간교섭을 진행함.

- 2008년 11월. 두 회사의 통합을 위한 단체협약을 체결함.

- 2009년 1월. 약 3,500명의 'Auto 5000 유한회사' 종업원들이 폴크스바겐 사로 고용 승계됨. 일단 동 프로젝트가 성공적으로 완료됨. 임금과 교대제 적용을 위한 한시적(2년) 경과규정이 시행

됨. 이때부터 각종 수당이 폴크스바겐과 동일한 수준으로 지급됨으로써 임금이 눈에 띄게 상승함.

- 2011년 1월. 통합을 위한 단체협약 체결 2년 후 'Auto 5000 유한회사'의 종업원에 대해 폴크스바겐 사의 기업단체협약(Haustarifvertrag)이 전적으로 적용됨으로써 폴크스바겐의 직무급제로의 편입이 완료됨.

- 괴팅엔대학의 사회과학연구소(SOFI)에 의뢰하여 프로젝트 초반부터 프로젝트 전반에 대한 연구를 진행함. 금속노조, 한스뵈클러 재단, 폴크스바겐이 공동으로 비용 분담.

(2) 단체협약 'Auto 5000 x 5000'의 체결

거의 2년을 끌었던 교섭 끝에 금속노조와 폴크스바겐은 마침내 "단체협약 5000x5000"을 체결하게 된다. 실업자를 채용하여 첨단산업인 자동차산업(공장)에 투입하여, 세계적 품질의 자동차를 생산하겠다는 이 야심찬 계획은 채용 프로세스, 종업원에 대한 직무교육훈련, 작업장에서의 각종 혁신 그리고 유연한 노동조건(노동시간)에 대한 시험대가 됨으로써 초미의 관심의 대상이 되었다. 아우토 5000 단체협약의 주요 내용을 살펴보면 아래와 같다.

- 협약의 가장 핵심적인 부분 중의 하나가 채용(모집과 선발)이었다. 선발시 폴크스바겐의 사업장협의회(Betriebsrat)가 참여하기로 하였다. 볼프스부르크 인근 지역의 상대적으로 높은 실업

률 탓도 있지만, 동 프로젝트에 대한 언론의 높은 관심과 보도로 인해 약 48,000명이 지원을 했는데, 3단계의 선발 절차를 통해 최종적으로 12,500명을 선발했고, 이 중 3~6개월의 지역고용센터 주관 교육(주로 니더작센 주와 작센-안할트 주), 6개월의 기간을 정한 근로계약 후 최종적으로 3,700명이 무기근로계약을 체결하였다. 5,000명 중 1,500명은 하노버 공장에 배치해서 미니버스를 생산할 계획이었으나, 이 채용계획은 결국 실현되지 못했다. 최종 선발되어 무기계약을 체결한 종업원의 90%가 실업자였고, 나머지 10%도 실직의 위협에 직면해 있던 사람들이었다(Hans Joachim Sperling, Ein Novum, 2006).

● 또 하나의 핵심적인 부분 중의 하나가 교육훈련이었다. 2002년 10월 연방노동사회부 산하 지역고용센터 주관으로 근로관계 개시 전에 3개월(경우에 따라서는 6개월까지)의 교육훈련을 실시하기로 하였다. 기간을 정한 근로계약 기간 중에는 주당 35시간에 월 4,000 마르크를 지급하기로 하였다. 이 첫 6개월은 전적으로 교육훈련에 할애되었다. 정식 채용 후에도 각 작업자에게 주당 3시간의 교육훈련이 실시되는데, 이 중 절반인 1.5 시간만 급여가 지급되고 나머지는 무급으로 정하였다. 교육훈련은 가장 중요한 분야로 인식되었기 때문에, 이후에도 각 작업자에게는 개별적인 교육훈련을 실시해 줄 것을 요구할 수 있는 권리를 부여하기로 하였다. 3개월 + 6개월의 교육훈련으로 생산에 적합한

자격요건이 갖춰지게 되었는데, 교육훈련 프로그램의 내용에 대해서는 사업장협의회와 사용자가 협의해서 결정하기로 합의하였다. 교육훈련에는 참가자의 자격요건(직무명세)과 함께 반드시 책임감을 갖고 준수해야 할 의무사항도 요구되었다. 소정의 교육훈련을 수료하면 자동차산업에서의 숙련을 증명하는 수료증을 발급하기로 하였다(Hans Joachim Sperling, Ein Novum, 2006).

- 임금은 지역산업단체협약(Flächentarifvertrag) 수준으로 결정하였다. 볼프스부르크를 포함한 인근 니더작센 지역의 금속, 철강산업등 몇몇 산업에 걸쳐 공통적으로 적용되는 단체협약을 말한다. 기본급 월 4,500 마르크에 최소상여금으로 년 6,000 마르크(=월 500 마르크)를 지급하기로 하였다. 여기에는 야간근무수당, 성탄절보너스, 휴가수당이 포함된 금액이다. 휴일근로수당은 별도로 지급하기로 하였고, 여기에 더하여, 개인성과급과 목표달성 성과급이 추가로 지급되도록 하였다. 성과급 체계는 지역산업단체협약의 수준에 미달되지 않도록 설계하였다. 결론적으로, 종업원들은 (폴크스바겐을 제외한) 자동차산업의 일반 노동자들의 임금수준과 비슷한 수준의 임금을 받게 되었다. 고용 첫 해 6개월의 교육훈련기간(기간을 정한 근로관계) 동안에는 월 4,000 마르크를 받고, 이후 년 59,500 마르크, 둘째 해에는 년 64,000 마르크가 보장되도록 임금이 책정되었다.

- 협상 중에서 가장 첨예하게 부딪혔던 부분이 주당 근로시간이 었는데, 결국 금속노조가 자신의 안을 관철시키게 되었다. 주당 노동시간은 35시간인데, 1년의 정산기간을 평균하여 주당 35시 간을 의미하는 것이다. 주당 최대 근로시간은, 토요일 오전 교 대근무시간 포함하여, 42시간으로 제한하였다. 초과근로시간 에 대한 할증임금은 금전으로 정산하지 않고, 휴무를 통해 정산 하기로 하였다. 이에 더하여, 근로자 1인당 연간 10시간까지 토 요일 야간 초과근무가 허용되도록 하였다. 유연근로시간계좌 (Flexibilitätskonto)에 적립이 허용되는 연간 최대 근로시간은 ± 200시간으로 하였다. 근로시간의 배분(시업 및 종업시간 변경 등)에 대해서는 사업장협의회가 강행적인 '공동결정권'을 가진다.

- 처음으로 단체협약에 작업프로세스의 설계에 대해 언급이 되 었다. 이 내용은 오랫동안 노동조합이 요구해 왔고, 그리고 사 용자측이 반대해 왔던 사안들이었다. 크게 3가지가 합의되었는 데, 1) 수평적 조직, 2) 팀작업, 3) 작업내용(작업은 지나치게 전 문화되지 않고, 작업이 단조롭지 않도록 직무 순환 등을 통해 변 화를 줄 것)이 그것이었다. 작업설계와 관련하여 작업자, 팀, 사 업장협의회에게는 실질적인(구속력 있는) 제안권 및 이의제기 권이 보장되었다. 작업(혹은 직무) 내용 중 특징적인 것은 자율 적인 작업조(팀작업)의 작업조장(Gruppensprecher)의 역할로 서, 자율적인 작업과 완벽한 협업이 가능하도록 역할을 부여하

였다. 편평한 조직구조(flat organization)의 실현을 위해 생산부문의 관리계층을 3단계로 축소하였는데, 작업조장은 이 중 첫번째 관리층에 해당된다. 이전의 생산작업조직에서 마이스터(Meister)가 행사하던 권한보다 더 확대된 역할을 작업조장에게 부여하기로 하였다. 또한 학습조직이 실현되는 업무프로세스를 설계하기로 하였고, 테일러리즘의 극복, 노동의 인간화, 도요타 생산시스템(TPS)을 일부 차용한 실험이 이루어졌다.

• 이 또한 단체협약에서 처음으로 이루어지는 부분으로서, 사업장 협의회가 성과평가에 공동결정권을 행사하도록 규정하였다. 이는 작업자들이 지나치게 높은 작업강도 및 성과압력에 노출되지 않도록 하는 조치였다. 생산량이나 품질을 맞추지 못했을 경우, 추가작업은 의무사항으로 규정하였다(회사측 귀책사유일 경우에 추가작업은 유급으로 하였고, 작업자의 귀책사유일 경우에는 0.5시간의 초과근로는 무급으로 하였다). 실제로 이루어진 초과근로의 90%가 회사측 귀책사유로서, 급여가 지불되었다.

• Auto 5000x5000 모델의 실현을 위해 새로운 법인(Auto 5000 GmbH)을 설립하기로 하였다. 신규법인의 감독이사회(Aufsichtsrat)는 12명의 이사로 구성하였다. 6명의 근로자측 이사의 영향력을 기존 공동결정법상의 규정보다 더욱 확대되도록 합의하였는데, 지분인수 및 공장이전과 같은 몇몇 특정 사

안에 대해서는 감독이사회의 의결정족수를 단순과반수가 아닌 2/3 로 규정하였다. 사업장협의회의 공동결정권도 기존보다 확대하기로 하였다. 직무자격 교육훈련의 방식, 그리고 성과 및 인사평정에 사업장협의회가 개입(2001년 사업장기본법의 개정시 사업장협의회의 권한을 조금이라도 확대하려는 노동계의 시도에 대해 사용자측의 엄청난 반발이 있었음을 상기해보면 이러한 내용이 얼마나 혁신적인 것인지 알 수 있음)할 수 있도록 하였다(Hans Joachim Sperling, Mitbestimmung und Partizipation, 2006).

- 기타의 노동조건으로서 6주의 연차휴가를 부여하고, 병가시 임금 계속지급이 보장되며, 결혼, 출산, 가족 사망시 특별휴가에 관해서는 금속산업의 일반 규정이 적용되었다. 단체협약의 내용, 운영을 둘러싼 분쟁시 조정기구 외에 적절한 해결을 위한 기구 설치에 합의하였다.

(3) 아우토 5000 프로젝트의 성공요인

폴크스바겐은 우리 식으로 보자면 사기업이 아니라 국영기업에 가깝다. 소위 '폴크스바겐 법(VW-Gesetz)'에 따르면, 일반 주식회사와는 달리 폴크스바겐에서는 주주총회의 특별결의시 필요한 의결정족수가 주식발행총수의 3/4 이상이 아니라, 4/5 이상(80% 이상)이다. 니더작센 주 정부가 가진 지분이 20.1% 이기 때문에, 이 규정에 따라 폴크스바겐의 주총에서는 주 정부의 의사에 반하는 어떠한 의사결정(특별결의)도 이루어질 수 없는 구조이다(니더작센 주 정부의 비토권). 또한 의결권 있는 주식의 20% 이상을 소유한 주주는 20%를 초과하는 지분에 대해서는 의결권을 행사할 수 없게 되어 있다. 따라서 폴크스바겐의 경영권을 장악하기 위해 20%를 초과하여 지분을 보유할 유인이 없는 셈이다. 이처럼 회사의 주요 의사결정 과정에서 주요 주주인 주 정부(당시는 사회민주당 집권기)의 정치적인 압력을 피하기 어려운 구조이기 때문에, 개혁적인 프로젝트를 과감하게 추진할 수 있었고, 이런 점이 프로젝트를 성공으로 이끈 주요한 요인으로 꼽힌다.

또 다른 주요요인으로서 유럽의 코포라티즘(corporatism)적 전통을 꼽기도 한다. 사회적합의주의로 번역되는 코포라티즘은, 전통적인 (중앙)정부의 통치방식과는 대조되는 새로운 통치 방식을 이르는 말이다. 즉, 시장, 사회, 노동조합, 시민단체 등등의 제도 내 개별 행위주체들의 수평적이고 협력적인 조직활동과의 연계적 활동을 바탕으로 한 합의시스템으로 이해될 수 있는데, 간략하게 정의하면 정부와 이익집단과의 합의도출 시스템이라고 할 수 있다. 독일, 네덜란드, 스웨덴 등에서는 노조, 사용자단체 등 각각의 이해관계를 대표하는 전국적인 이익단체가 발달되어 있다. 또한 사회적 합의 도출을 위한 제도적 환경으로서 '사회적 신뢰'와 '합의의 조직적 기반'이 필요한데, 유럽에서는 사회민주주의 이념이 사회 전반에 널리 수용되어 있고, 노동자를 대표하는 정당이 존재하고, 노동조합이 기업의 파트너로서의 역할이 정립되어 있으며, 노동자와 기업이 공존하는 문화가 공동체의 가치로 사회에 널리 수용되어 있다. 이러한 사회적 합의주의를 통해 스웨덴의 잘츠요바덴 협약, 렌-마이드너협약이, 그리고 네덜란드에서는 바세나르협약이 성공할 수 있었던 것이고, 또한 이런 바탕이 아우토 5000 프로젝트의 성공을 견인한 것으로 생각된다. 사회적 연대와 합의주의의 정신, 그리고 자본과 노동의 합의체제 구축등이 필요한 것이다.

새로운 시도라는 개념도 이 프로젝트의 성공에 기여한 것으로 평가된다. 사측이 지역사회의 문제해결(실업률 감소)에 적극 나서고, 지역고용센터가 적극적 노동정책의 일환으로서 사기업에 채용될 실업자를 위한 특화된 교육훈련에 참여하였으며, 또한 무경험 실업자라도 일 하려는 의욕만 있다면 첨단산업에 일자리를 얻게 된다는 시그널을 주었다는 점, 그리고 채용된 종업원이 생산성 향상을 통한 기업경쟁력 강화와 자신들의 일자리안정을 동일시함으로써 작업장혁신에 적극 동참할 수 있게 한 점도 성공요인으로 꼽힌다(Wolfgang Schulz, 2006/Hans Joachim Sperling, Ein Novum, 2006).

(4) 아우토 5000 프로젝트의 시사점

무엇보다도 무경험 실업자를 채용하여 고숙련을 요하는 자동차 생산에 성공한 사례였다는 점을 꼽을 수 있다. 고품질이 요구되는 최

첨단 산업인 자동차생산을 자동차 산업에 전혀 경험이 없던 실업자를 고용해서 교육훈련을 통해 성공적으로 이루어냈다는 것이 7년 프로젝트의 최대 성과이다. 직무요건의 충족을 위한 교육훈련의 중요성이 부각되었다. 더구나 이 교육훈련이 민관 협력으로 이루어 졌다는 점은 우리에게 시사하는 바가 또한 각별하다. 정부와 기업, 노동자(시용기간 중 주당 1.5시간은 무급 교육훈련)가 교육훈련 비용을 공동 부담하였다는 점도 눈여겨 볼 대목이다.

새로운 작업방식, 작업설계를 시도하여 성공하였다. 구상(Thinker)과 실행(Doer)이 분리됨으로써 노동을 소외시키고, 작업의욕이 저하되는 등 테일러리즘의 여러 폐해를 극복하는 혁신적인 작업방식을 시도하였다. 팀제 작업방식, 수평적 관리, 성과급제의 인간적 설계 및 학습조직(공장)의 실현이 이루어 질 수 있었고, 생산성이 향상되었다는 점도 시사하는 바가 크다.

두 회사의 통합 후 볼프스부르크의 폴크스바겐 공장은 연산 750,000대의 생산을 달성함으로써, 세계 2위의 생산공장으로 자리매김하게 되었다. 생산입지로서의 독일의 경쟁력을 증명해 보였다는 점이 가장 중요한 성과였는데, 학계, 재계의 그 많은 '예언자'들이 프로젝트의 실패를 단언했지만, 결론적으로 현장에서 결과를 가지고 증명해 보임으로써 국가, 지역, 노동자, 기업 모두가 윈-윈할 수 있다는 생생한 사례가 되었다. 노사 협의에 의한 혁신적 시도로서 어려움을 극복할 수 있고, 비용 절감을 위한 생산입지의 해외 이전에 대한 대안을 제시했다는 점도 큰 성과로 꼽힌다. 주당 33시간 혹은 주당 35시간의 근로시간과 인근지역의 일반적인 단체협약(Flächentarifvertrag)의 조건과 같거나, 다소 상회하는 근로조건, 특히 임금수준을 유지하면서도, 독일 내에서 경쟁력있는 자동차 생산이 가능하다는 것을 증명해 보인 중요한 프로젝트였다.

또한 그동안 독일의 공동결정제도의 유효성(Effectiveness)에 대한 논란이 많았는데, Auto 5000 프로젝트를 통해 공동결정제도가 노사 공존을 위한 생산혁신에 있어서 중요한 역할을 할 수 있다는 사실이 증명됨으로써 공동결정제도를 더욱 강화해야 할 필요성이 생겼다는 논의도 일부에서 제기되었다. 결론적으로, 독일 특유의 단체협약제도와 공동결정제도가 기업의 경제적 효율성과 배치되지 않는다는 것을 아우토 5000 프로젝트가 명확하게 보여 주었다고 평가된다(Hans Joachim Sperling, Mitbestimmung und Partizipation, 2006).

4. 폴크스바겐의 주요 단체협약의 교섭 진행 및 내용 일람

앞에서 언급했듯이, 독일은 산업별단체구성의 원칙(Industrie-verbandsprinzip)에 따라 산업별로 노동조합과 사용자단체의 조직이 구성되고, 단체협약 또한 대부분 산업별로 체결된다. 따라서 개별기업 고유의 사항과 문제점에 관해서는 다루기가 힘든 한계가 있는데(이 때문에 체계가 다른 우리나라에는 독일의 제도가 맞지 않는다는 비판이 제기되기도 한다), 이런 이유로 앞에서 논의한 '사업장 일자리동맹'이 좋은 대안으로 떠 올랐고, 정치권에서 관련 입법안을 발의하기도 했었다. 그러나 예외적으로 대각선교섭, 즉 산별노조와 개별기업의 사용자가 교섭의 당사자가 되기도 하는데, 폴크스바겐(주)이 대표적인 경우이다. 이렇게 체결된 단체협약을 기업단체협약(Haustarifvertrag)이라고 하는데, 산업별 단체협약에서 다루기 힘든 개별기업 특유의 문제점도 다룰 수 있는 이점이 있다. 개별기업마다 노동조합이 있는 우리나라의 입장에서도 일반 독일기업과는 달리 기업단체협약을 체결하고 있는 폴크스바겐의 사례가 좋은 참고가 될 수 있을 것이다.

아래에 폴크스바겐의 주요 단체협약(Haustarifvertrag)의 교섭상황과 합의 내용을 자세하게 살펴보고자 한다. 교섭에 앞서 노와 사의 요구안이 각각 무엇이었고, 왜 그것들이 요구안으로 확정되었으며, 또 그 요구안들이 어떤 지점에서 어떤 이유로 대립했으며, 그 요구안들이 교섭을 통해 어떻게 관철되고, 좌절되고, 또한 절충되었는지, 그리고 교섭의 결과에 대한 노와 사 그리고 사회일반의 평가는 어떠했는지가 교섭 진행과정에서 그리고 단체협약의 내용에서 고스란히 드러나기 때문이다. 예를 들어, 주 4일 근무제에 합의한 1994/95 단체협약에 대해, 단순히 '노동시간 단축을 통해 주 4일 근무제로 변경했다'라고만 이해할 것이 아니라, 노동시간 단축에 따른 임금의 감소를 노동자들이 어떻게 받아들였고, 노사는 어떤 방식으로 이 문제에 접근해서 해결점을 찾았는지를 눈여겨 보아야 할 것이다. 다음의 내용은 한스-뵈클러 재단 산하 WSI(경제사회연구소)의 문서저장고에 있는 단체협약 자료를 상당부분 발췌한 바탕 위에, 다른 자료를 추가적으로 참조하여 작성한 것이다.

(1) 1994/95 단체협약 - 고용보장과 경쟁력향상을 위한 단체협약

1994/95 단체협약은 고용보장단체협약(Beschäftigungssicherungstarifvertrag)이라고도 하며, 주4일근무제를 합의한 협약으로서, 우리에게는 폴크스바겐의 워 쉐어링(일자리 나누기) 정책으로 잘 알려져 있다. 1993년 진행된 이 교섭의 이슈는, '사람을 자르지 말고, 비용을 자르자(Kosten statt Köpfe)'란 교섭 슬로건에서도 보이듯이, "일자리 지키기"였다. 이 교섭은 복잡한 사안을 단 14일만에, 5차례의 교섭으로 타결시켰는데, 속도면에서도 대단히 특별한 교섭이었다 (Peter Hartz, 1994, p. 70).

1993년 10월 26일 폴크스바겐 경영이사회는 총사업장협의회에, 회사의 악화된 매출상황으로 인해 일시적으로 임금감소가 따르는 주 4일 근무제를 도입할 필요가 있음을 알린다. 그리고 이틀 뒤 언론을 통해 이를 알리게 된다. 금속노조의 첫 반응은 조심스럽지만 긍정적인 것이었다. 벌써 11월 11일에 첫 교섭을 시작하게 되는데, 쟁점사항은 노동시간 20% 단축에 따른 임금감소 폭이었다. 교섭을 통해 금속노조는 노동시간 단축과 이에 따른 임금감소를 수용하고, 교육훈련 향상을 위한 조치에 관해 합의한다. 5차례의 교섭 끝에 1993년 11월 25일 타결되어, 12월 15일자로 체결된 단체협약의 주요 내용은 아래와 같다.

- 2년간 경영상 이유에 의한 정리해고를 하지 않는다.
- 주당 노동시간을 28.8시간으로 하는 주 4일 근무제를 도입한다.
- 단축된 주당 노동시간에 따라 임금(생산직 및 사무직)을 20% 삭감하되, 월 실지급액은 종전 수준과 동일하도록 만든다.

노동시간 단축에 따른 임금감소의 충격을 완화하기 위해, 즉 월 실지급액을 종전 수준과 동일하게 가져가기 위해 노사는 고심하게 되는데, 아래의 방식을 통해 이를 실현하였다.

- 1995.10.1.부 적용 예정인 주 35시간 근무제를 1994.1.1.부로 앞당겨서 적용한다. 노동시간 단축에 따른 임금(삭감분 임금 2.8%)은 100% 보전한다(임금감소는 없다).

- 1993.11.1.부 적용 예정이었던 3.5% 임금 인상(1992.11.23.자 체결)은 1994.1.1.부로 적용하고, 35시간 근무제에 따른 임금보전 부분도 여기에 포함하여 산정한다.
- 1994.8.1.부 적용하기로 한 임금인상분에 대해서는 1% 인상으로 대체 적용한다.
- 특별휴가는 폐지하고, 이를 35시간 근무제에 따른 임금조정에 일부 반영한 것으로 한다.
- 연간 보너스(월급여의 93%)와 연차휴가수당의 약 3/4은 1994.1.1.부로 월단위로 대체 지급하여, 줄어든 월급여액을 보충하게 한다.

기존에 받던 월급여액(36시간 근무제 기준)을 28.8시간 근무제에서도 동일한 수준으로 맞추기 위해 노사가 어떻게 고민을 했는지에 대해 임금등급 F의 경우를 예로 들어서 아래에서 자세하게 설명해 본다(임금등급 F는 폴크스바겐에서 금액상 중간쯤에 해당하고, 가장 많은 종업원이 속한 등급이다. 조립라인 종업원이 가장 많고, 사무, 운송 및 물류 부문 종업원도 일부 속한다). 해고는 간단하지만, 해고 대신 다른 방법을 찾는 것은 이처럼 많은 고민을 필요로 한다. 이런 고민들이 상대방에게는 신뢰로 비쳐지지 않을까? 이런 신뢰들이 모인다면 우리의 노사관계도 미래지향적으로 진화할 수 있을 것이라고 생각한다.

F 등급의 월급여액(주 36시간 근무제)		4,099 마르크
28.8시간 근무제 월급여액		3.279 마르크
차액(= 20% 삭감된 임금액)	아래 조정 내역:	= 820 마르크
1993.11.1. 인상 적용될 3.5% 반영	143 마르크	+ 143
1994.8.1. 적용 예정 임금 인상분 1% 반영	41 마르크	+ 41
1995.10.1. 적용 예정 2.8% 임금 보전액 + 회사 부담	204 마르크	+ 204
연간 보너스 월 베이스로 나누어 월급여에 추가	274 마르크	+ 274
연차휴가수당 월 베이스로 나누어 월급여에 추가	158 마르크	+ 158
1994.1.1. 적용 월급여액(주 28.8시간 근무제)		4,099 마르크

(자료: WSI 자료를 필자가 보완하여 작성)

노사는 20% 임금 삭감액에 해당하는 820 마르크를 보충하기 위하여, 표와 같이 5개 항목에 해당하는 금액을 조정하고, 모자라는 부분은 회사가 부담함으로써(월급여의 약 2%에 해당) 결과적으로 월급여액을 36시간 근무제 하에서 받던 수준으로 맞추었다. 보통의 노동자들이 월 베이스로 생활비를 지출하는 것을 감안하여(예: 주택 월세), 줄어든 임금으로 인해 생활주기가 깨지지 않도록 배려한 것이다(Peter Hartz, 1994, pp. 66~68).

부연 설명하면, 1995.10.1.부로 적용될 주 35시간에 따라 줄어드는 임금액을 보전해 주기로 했는데, 이를 1994.1.1부로 보전해 주는 것으로 미리 앞당겨서 적용했는데, 이 금액이 약 114.77 마르크이고, 여기에 회사가 일정 금액을 부담해서 204 마르크로 맞추었다. 월 지급으로 대체된 연차휴가수당의 나머지 약 1/4에 대해서는 94년과 95년에 각각, 매년 7월 1일 현재 재직 중인 모든 종업원에게 일률적으로 일정금액(764 마르크/년)을 지급하는 것으로 정했다(협약 §3.2.4). 중증장애인(장애등급 50% 이상)의 경우에는, 추가로 676 마르크를 지급하기로 했다(협약 §3.2.4). 또한 시급 산정은 주당 36시간을 기준으로 하고, 1995.10.1.자 이후에는 주당 35시간을 기준으로 산정하여 적용하는 것으로 하였다(협약 §3.2.1).

주 28.8시간 근무제로 인해 회사는 비용의 20%(22억 마르크)를 절감했고, 노동자 측의 임금 감소분은 10% 였다. 비교 대상이 다르기 때문에 두 수치를 직접적으로 비교할 수 없으나, 회사 측의 비용 절감분이 노동자의 임금 감소분보다 훨씬 더 많다고 보고 되었는데, 이는 회사 입장에서 볼 때, 정리해고를 회피함으로써 직접적인 인건비 절감액 이외에도 정리해고시 지불할 해고보상금, 사회계획(Sozialplan: 정리해고시 대상자 선정을 위한 계획)에 따른 비용 및 대체인력(단시간근로자)에 따른 비용이 절감되었기 때문이다. 1994/95 단체협약의 내용은 페터 하르츠의 저서인 "모든 일자리에는 얼굴이 있다(Jeder Arbeitsplatz hat ein Gesicht)"의 부록에 수록된 단체협약을 함께 참조하였다(Peter Hartz, 1994, pp. 188 ff).

(2) 1996/97 단체협약

전술한 고용보장에 관한 단체협약(28.8시간 근무제)의 유효기간이 1995년 연말까지인데 반하여, 임금협약의 유효기간은 1995년 7월 말에 종료되는 관계로 교섭이 일찍 시작되었다. 금속노조의 요구사항은 다음과 같았다.

- 1995.8.1.부로 6% 임금(생산직 및 사무직) 인상. 협약의 유효기 간은 1년.
- 1995.8.1.부로 교육훈련수당의 인상. 임금등급 F를 기준으로 보면, 첫 해는 37%, 둘째 해 37.5%, 셋째 해 38.5%, 넷째 해 40.5% 인상.
- 재형저축에 관한 단체협약 사항은 1995.1.1.부로 5년간 연장 적용
- 고용보장에 관한 단체협약의 계속 유지

총 5차례의 교섭이 진행되었는데(교섭상황에 대한 이해를 더하기 위해 교섭날짜를 일일이 부기함), 1995년 8월 8일과 15일에 진행된 1차 및 2차 교섭에서 폭스바겐은 더 강화된 노동시간 유연성을 요구한다. 주당 최대 48시간까지 유연하게 적용가능한 노동시간 이외에 연간 26일에 해당하는 토요일 근무를 수당 지급이 없는 정상근무일로 변경하는 안을 들고 나왔다. 금속노조는 토요일 정상근무 안에 대해서는 원칙적으로 수용 불가였지만, 추가의 노동시간 유연화에 대해서는 협상 가능하다고 선언하였다. 전제는 회사의 정리해고 배제원칙의 재확인과 직업훈련생에 대한 고용승계(직업훈련을 수료한 직업훈련생의 직업훈련생근로계약을 정규 근로계약으로 전환)를 내용으로 하는 지속성 있는 단체협약(1998년말까지 유효)의 체결이었다. 금속노조의 일관된 목표는 고용보장에 관한 체계적인 담보였다.

8월 22일의 3차 교섭에서, 양 당사자의 의견 차이는 좁혀지지 않았다. 회사는 계속해서 할증임금 없는 토요일 근무(25일)를 요구했다. 토요일과 야간근로에 대한 할증율(우리는 법적으로 정해져 있지만, 독일은 단협에서 정한다)을 일률적으로 (현재보다 줄어든 할증율인) 15%, 일요일 근로에 대한 할증율은 50%, 그리고 법정휴일 근로에 대한 할증율은 100%로 할 것을 요구했다. 고용보장에 관한 협약은 2년의 유효기간이 경과한 후에는 여후효 없이 종료할 것과 고용보장이 추가비용 없이 이루어 질 수 있도록 종업원은 회사의 요구가 있을 시 주당 최대 3.2시간을 무급으로 초과근무할 것을 요구했다. 또한 업적급(Leistungslohn: 시간 베이스가 아닌 생산량 베이스로 급여 책정) 대상 종업원의 경우 유급인 휴식시간, 교대근무자를 위한 식사시간 및 업무배정시간(Verteilungszeit)을 무급으로 할 것을 요구했다. 금속노조의 입장은, 할증율 인하와 관련해서는 교섭을 계속할 의향이 있으나, 할증임금 없는 토요일 근무에 대해서는 분명하게 거부의사를 밝혔다. 금속노조의 단체협약위원회(Tarif-Kommission)는 회사에 대해 실현가능성 없는 요구 대신에 합의가 능한 안을 제안할 것을 재차 촉구하게 된다.

4차 교섭을 앞둔 8월 29일, 금속노조는 하노버 시내 교섭장 앞에서 15,000명이 참가하는 시위를 계획한다. 4차 교섭에서 회사는 무급 초과근무를 주당 1.2시간으로 수정 제안하고, 주당 최대 노동시간을 38.75시간으로 그리고 토요일 할증율을 25%로 수정하여 제시하였다.

회사의 예상과는 달리, 파업도 불사하겠다는 노동자들의 의지가 강했는데, 9월 4일 5차 교섭을 하루 앞두고 60,000명 이상이 경고파업에 참가하였다. 회사측 자료에 의하면, 이날의 파업으로 생산 손실이 대략 7,000대로 파악되었다. 5차 교섭에서 회사가 처음으로 임금인상안을 제시한다. 8월부터 12월까지 5개월간 매월 150 마르크를 지급하고, 1996년 1월부터 19개월동안 3% 임금인상안을 제시하였다. 금속노조는 회사의 인상안이 충분치 않다는 의견을 냈다. 또한 지금까지 교섭에서 제기되었던 쟁점사안들에 대해 만족할 정도로 의견차이가 좁혀지지 않았다고 선언하게 된다. 17시간 가량 진행된 6차 교섭에서 양 당사자는 겨우 합의에 도달했는데, 합의 내용은 아래와 같다.

- 총액 기준(소득세 및 사회보험료 공제 전)으로 월 200 마르크를 8월부터 12월까지 지급
- 1996.1.1.부로 4% 임금 인상(생산직, 사무직 및 직업훈련생. 직업훈련생의 경우는 2년차부터 적용). 협약의 유효기간은 2년
- 고용보장에 관한 단체협약의 유효기간을 1997년 12월 31일까지 연장. 노동시간 유연화모델 도입 검토(12개월의 단위기간을 평균하여 최대 하루 8시간, 주당 38.8시간). 회사는 실제 일인당 노동시간이 주당 35시간을 넘길 경우 매 반기마다 실제 노동시간을 측정하고, 그 결과에 대해 사업장협의회와 협의하기로 한다.
- 직업훈련생은 직업훈련생근로계약 종료 후 원칙적으로 채용(고

용승계)

- 고령자를 위한 릴레이 모델(Stafettenmodell) 적용과 지원금 지급(단계별퇴직프로그램)
- 연차휴가수당의 인상 (764 마르크 -〉 1,600 마르크)
- 10년 근속에 따른 특별지원금 최대 105 마르크 인상. 단, 최고 지급액은 2,000 마르크로 제한.
- 월~금요일 초과근로 할증율은 종전 40%에서 30%로 인하하고, 토요일 초과근무 할증율은 50%에서 40%로 축소(초과근로 할증 임금은 35시간/주 초과시 시간 베이스로 지급. 초과근로는 원칙적으로 휴무로만 정산함)
- 재형저축 적립금을 기업노령연금으로 전용
- 사업장협의회의 공동결정권을 확대 강화한 새로운 인사평가 모델의 도입
- 사무직과 시간급(생산량 베이스가 아닌 시간 베이스로 급여가 책정됨) 근무자 대상으로 주당 1.2시간 무급 초과근무
- 기존 월급여표와 사무직급여표를 하나의 급여보수 체계로 통합

평가의 지점은 달랐지만, 교섭의 양 당사자는 협약체결에 대해 만족하다는 평가를 내렸다. 회사측 교섭위원장인 울리히 다제 Ulrich Dase는, 이제 시장수요에 따라 유기적으로 생산을 조절할 수 있게 됨으로써, 폴크스바겐이 "살아 숨쉬는 기업(atmendes Unternehmen)"이라는 컨셉에 부합하는 회사가 되었다고 천명했다

(페터 하르츠의 두번째 책 제목이기도 한데, 시장 수요에 따라 노동의 유연성이 강화된 기업의 체질을 이렇게 표현하였다). 금속노조 또한 토요일을 정상근무일로 변경하는 것을 저지할 수 있었고, 고용보장을 하나의 지속적인 모델로 만든 것을 성과로 강조했다. "유연화와 교환한 고용보장"이란 제목으로 부를만한 협약이었다.

금속노조가 고용보장을 지속적인 모델로 만들었다고 자평한데 대한 논거는 이렇다: 만약 회사가 고용보장에 관한 단체협약을 해지한다면, 합의된 다른 모든 규정들이 그 효력을 상실하는 것이 되기 때문에, 향후 경영상 이유에 의한 해고를 막을 방책을 쌓았다고 평가하는 것이다. 그러나 이런 견해에 대해 폴크스바겐의 노동이사 겸 인사담당이사인 페터 하르츠는, 회사는 협약의 유효기간이 종료되는 2년 후에는 경영상 해고를 제한없이 할 수 있다고 경제지인 한델스블라트와의 인터뷰에서 밝힘으로써 노사가 동일한 사안을 전혀 다르게 해석하고 있음을 보여주고 있다. 1996/97 단체협약의 내용은 페터 하르츠의 저서인 "살아 숨쉬는 기업(Das atmende Unternehmen)"의 부록에 수록된 단체협약을 함께 참조하였다 (Peter Hartz, 1996, 196 ff.).

(3) 아우토 5000x5000 단체협약

당시 폴크스바겐은 미니밴인 투란(Touran)을 동구권(슬로베니아)에서 생산하려는 계획을 가지고 있었다. 인건비 등 점증하는 각종 비용으로 인해 독일내 공장에서 경쟁력있는 자동차를 생산하는 것이 가능하지 않게 된 것이다. 이때 폴크스바겐은 이 계획을 수정할 수도 있다는 의중을 내비치는데, 전제는 기존 폴크스바겐(주)에 적용되고 있는 단체협약이 아니라, 그 보다는 완화된 형태의 다른 단체협약을 적용받을 수 있다면 가능할 수도 있다는 것이었다. 소위 아우토 5000 프로젝트라는 이름이 붙은 새로운 컨셉의 단체협약에 대한 논의가 시작될 터였다.

아우토 5000x5000 프로젝트에 관한 논쟁의 출발은 1999년 11월로 거슬러 올라간다. 당시 폴크스바겐의 노동이사 겸 인사담당이사였던 페터 하르츠의 놀라운 제안에 따르면, 볼프스부르크 공장 내에 새로운 미니밴 모델의 생산을 위한 3,500개의 일자리를 신규로 만들고, 이어서 하노버 상용차 공장에도 1,500개의 새 일자리를 만들겠다는 것이었다.

페터 하르츠에 따르면 3년간 실험적 프로젝트로서 진행될 것인데, 그가 제안한 내용을 살펴보면 아래와 같다.

- 임금은 일률적으로 5,000 마르크로 정해진다. 일체의 수당은 없다.
- 사전에 정해진 생산계획에 부합하는 최종 제품의 생산을 기준으로 하므로, 소요된 노동시간은 그 장단에 관계없이 임금산정에서 고려되지 않는다(소위 프로그램임금).
- 따라서 노동시간은 법률에서 허용하는 최대폭인 주당 평균

48~60시간(주 6일 근무) 이내에서 정해질 것이다(노동시간법 Arbeitszeitgesetz 제3조에 따르면, 1일 노동시간은 8시간을 초과할 수 없고, 다만, 6개월 혹은 24주 이내의 단위기간을 평균하여 1일의 노동시간이 8시간을 초과하지 않는 범위 내에서 1일 10시간까지 노동시간을 연장할 수 있다).

- 종업원에게는 폭넓은 과업이 부과되고, 작업은 팀 단위로 이루어진다. 이를 위해 혁신적인 작업조직이 구축되어야 한다.
- 종업원은 폭넓은 직무교육훈련을 통해 일정 수준 이상의 자격요건을 갖출 것을 요구받는다.

이 제안에 대한 금속노조 의견을 아래에 단적으로 정리해 보면,

- 이 프로젝트는, 제조업의 생산입지로서 독일이 여전히 경쟁력이 있다는 것을 보여줄 수 있는 기회의 장이 될 수 있고, 또한 새로운 노동정책적인 컨셉으로 평가한다.
- 그렇긴 하지만, 노동시간과 임금산정에 관해서는 받아들일 수 없을 정도로 문제가 많은 모델이다.

금속노조 입장에서 볼 때, 이 모델은 기존 폴크스바겐의 노동조건에 비해 지나치게 열악한 것이었다. 기존에 체결되어 있는 단체협약의 노동조건들이 이를 계기로 하향조정될 것이란 우려는 합리적 우려일 것이었다. 격렬한 내부 토론을 거쳐서 금속노조는 이 제안을 교섭에서 다룰 것을 결정하게 되는데, 그 결정사항을 간추리면 아래와 같다.

- 주당 48시간 근무제와 프로그램임금은 받아들일 수 없다.
- 교섭에서의 주된 지점은 세가지로 정리된다: 프로그램임금, 노동시간, 임금수준
- 프로그램임금의 문제점은, 생산 리스크의 책임이 전적으로 종업원에게만 초과근무라는 형태로 전가된다는 것이다.
- 제안된 노동시간을 기준으로 임금을 산정하게 되면, 니더작센 지역의 금속산업에 적용되는 지역산업단체협약(Flächentarifvertrag)의 수준을 하회한다는 문제가 발생한다.

교섭이 진행되면서, 주 48시간을 기준노동시간으로 하는 문제와 그 외 몇가지 쟁점사항에 대해서는 회사측의 양보로 어느 정도 의견 접근을 보였으나, 토요일 근무와 할증임금에 대해서는 의견이 좁혀지지 않았다. 2001년 6월 18일의 5차 교섭에서 회사 측은 주 35시간 기준 근무에 생산프로그램 충족을 위한 (무급) 초과근무와 교육훈련을 위한 7.5시간을 더하여 주 42.5시간제를 제안한다. 6월 25일 교섭이 잠정적으로 중단되고, 양 당사자 모두 절충안을 도출하는 것이 가능하지 않다고 선언하게 된다. 니더작센 지역-산업단협 수준으로 하자는 금속노조의 제안에 대해 회사 측은 전혀 응하지 않고, 교섭이 타결될 때까지 42.5시간제를 계속 고수하게 된다. 금속노조 위원장인 츠빅켈 Klaus Zwickel은 20~25%의 비용절감이 이루어지는데도 불구하고, 회사가 노동자의 주머니를 더 많이 털려고 한다고 비난하게 된다.

이후의 진행과정에서 금속노조는 여론의 뭇매를 맞게 되는데, 5,000개의 새로운 일자리를 만들자는데 굳이 반대하는 이유가 무엇이냐는 것이었다. 예기치 않게도 여론이 지역산업단체협약(하나의 지역 내 산업에 속하는 모든 기업에 적용되는 최소 노동조건을 규율)의 존재 목적에 대한 격론으로 번지고 있었다. 자유민주당(FDP)은 아예 이 참에 기업(사업장)내의 사업장협약을 통해 단체협약의 기준보다 더 낮은 노동조건을 정할 수 있도록 허용하는 입법안을 의회에 제출하기까지 했다.

독일의 단체협약법(Tarifvertragsgesetz) 제4조 1항 내지 3항에 따르면, 근로관계에 관한 단체협약의 법규범은 협약의 양 당사자에게 직접적, 강행적 효력을 가지므로, 협약의 내용과 다른 합의는 협약에서 이를 허용하고 있거나, 또는 변경되는 내용이 근로자에게 유리한 내용을 포함하고 있을 경우에만 허용된다. 즉, 독일은 유리의 원칙(Günstigkeitsprinzip)이 법에 의해 명시적으로 규정되어 있기 때문에 개별근로계약이 단체협약보다 유리한 조건을 규정하고 있으면 개별근로계약이 단체협약보다 우선적으로 적용된다. 따라서 독일에서는 단체협약의 기준이 최저기준이기 때문에, 이 기준을 하회하는 수준으로 사업장협약과 개별근로계약을 정하는 것은 허용이 되지 않는데, 자민당(FDP)이 이를 허용하는 법안을 제출한 것이다. 이에 관해서는 전술한 사업장 일자리동맹을 참조하기 바란다.

페터 하르츠의 60세 생일 모임에서 슈뢰더 총리는 양 당사자로부터 합의 도출에 대한 의지를 확인했다고 하는데, 17시간(95년의 교섭에 이어 또 17시간이다!)의 마라톤 협상 끝에 8월 28일 마침내 교섭이 타결되기에 이른다. 슈뢰더 총리는 처음부터 이 교섭에 큰 관심을 보여 왔는데(총리가 되기 전 그는 니더작센 주의 주지사였다), 협상의 타결을 위해 지속적으로 압력을 행사해 왔다고 한다. 협상 타결 후 슈뢰더 총리는 "이제 모든 기업과 노동조합은 이 성공사례를 외면할 수 없을 것이고, 이 사례를 통해 혁신적인 해결점을 찾는 방법을 배웠을 것이다"고 강조했다. 협의의 주요 내용을 보면 아래와 같다.

- 아우토 5000 유한회사를 설립하고, 별도의 단체협약을 체결하여 노동시간, 급여, 노동조건 및 인사평가 방식에 관해 규율한다. 협약의 유효기간은 3년 6개월로 한다.
- 3,500명의 실업자를 채용한다(실제로는 약 3,700명이 최종적으로 채용되었다).
- 연 평균하여 주당 35시간 노동시간제를 채택한다. 최대 42시간까지 연장할 수 있다.
- 3교대제를 실시한다: 토요일 아침근무조와 일요일-월요일 근무조를 포함한다. 이에 더하여 종업원당 연간 최대 10시간의 추가 토요일 근무조를 허용한다.
- 초과근로에 대해서는 급여 대신 휴무를 통해 보상한다. 익년 3

월까지 정산되지 않은 초과근로에 대해서는 25%의 할증임금을 더하여 지급한다.

- 생산프로그램 기준(물량 및 품질)에 맞추지 못할 경우에는 의무적으로 추가근로를 해야 한다. 다만, 회사 측 귀속사유일 경우에는 초과근로에 대해 금액으로 지불한다. 이와 관련하여 분쟁이 발생할 경우 1주 이내에 이를 해결하여야 한다.

임금 및 작업조직과 관련된 합의사항은 다음과 같았다.

- 첫 6개월간 기본급여는 4,000 마르크이고, 이후 4,500 마르크를 기본급여로 지급한다. 연간 보너스는 최소 6,000 마르크이다(임금 수준을 놓고 보면, 니더작센 지역산업단체협약의 임금 수준과 거의 동일한 수준이 된다).

- 여기에 더해서 각 개인별로 성과보너스와 이윤에 대한 보너스가 지급된다(이윤 참가). 성과보너스는 연말결산에서 흑자가 실현될 경우 지급되고, 이윤에 대한 참가는 일정한 매출총이익(Umsatzrendite)이 실현될 시에 지급된다.

- 작업조직은 수평조직으로 구성하고, 팀작업을 중심으로 한다.

- 강화된 경영참여권이 보장된다: 개별 종업원과 팀 그리고 사업장협의회는 작업조직의 구성과 관련하여 사업장기본법이 규정한 경영참여권에 더해서 제안권과 이의신청권을 가진다(사업장기본법 제102조 5항의 '이의제기권(Widerspruchsrecht)'과 구별

해야 한다. 이의제기권은 해고시 사업장협의회가 이의를 제기함으로써 회사의 해고통지가 당해 종업원의 근로관계를 종료하지 못하게 하는 효력을 가진다).

- 생산계획은 경영진과 사업장협의회가 협의해서 결정한다.
- 신규 채용시 회사와 사업장협의회, 그리고 소속 작업팀의 의견을 물어 결정한다(사업장기본법 제99조 1항에 따라 채용시 회사는 사업장협의회에 통지하고, 동의를 구하여야 하는데, 아우토 5000 단체협약에서는 해당 "작업팀"에게 그 과정에 참여할 권한을 부여하고 있다).
- 첫 6개월은 교육훈련기간이며, 종업원은 이 기간동안 자동차산업이 요구하는 직무요건을 갖추도록 노력해야 한다.
- 6개월의 교육훈련기간 종료 후에는, 기간의 제한없이 지속적으로 1주간 3시간의 직무능력향상훈련을 받게 된다. 이때 1.5시간은 무급으로 한다.
- 그 외에도 종업원에게는 자기개발과 직무능력향상 프로그램을 회사에 대하여 요구할 권리가 개별적으로 주어지며, 수료한 향상훈련에 대해 회사는 자격증을 발급해 준다.

새로 설립될 Auto 5000 유한회사는 종업원이 3,500명이므로, 공동결정법에 따라 감독이사회를 노사 동수로 구성하게 된다. 합의된 아래 조항으로 인해 이 프로젝트에 '강화된 공동결정권'이 부여되었다고 말해진다.

- 특정 사안에 관해서는 단순 과반수가 아닌, 2/3 찬성으로 결정한다: 지사의 설립 및 이전, 합작회사의 설립 및 해산, 지분의 취득 및 양도

아우토 5000 프로젝트는 이후 3년 6개월간 진행되는데, 2005년 연말에 동 프로젝트의 연장여부에 관한 합의를 위해, 양 당사자는 늦어도 2005년 10월까지 교섭에 착수하기로 합의한다. 양 당사자 모두 크게 만족한다는 입장이었는데, 만족의 대상은 그러나 자못 달랐다. 합의에 대한 양 측의 평가를 보면 아래와 같다.

- 회사 측: 폴크스바겐 단체협약과 비교해 볼 때 20% 이상의 비용 절감이 예상된다. 토요일 근무가 할증임금 없이 평일근무로 편입된 것은 성과다. 또한 프로그램 임금이 도입된 것도 성공적으로 평가한다. 특히 유연성이 확대된 것에 만족하고, 임금체계가 성과에 연동된 것도 만족스럽다.
- 독일 연방사용자단체연합(BDA): 특히 임금 및 노동시간의 책정을 회사의 목표, 성공 및 성과에 정렬시킨 것에 주목한다. 신규로 창출된 일자리에 대해 새 단협표준안이 적용된다는 것을 환영하며, 향후 각 산업별 단체협약에 이러한 유연화 모델을 적용할 것을 촉구한다.
- 금속노조 측: 새 협약은 작업조직과 인사평가 그리고 공동결정의 규율과 같이, 금속노조가 장기적으로 일관되게 취해왔던 진

전된 내용들을 포함하고 있고, 이를 처음으로 협약에 반영시켰다는 점을 강조하고 싶다.

(4) 미래협약(Zukunftstarifvertrag)

2004년 11월, 길고도 치열한 교섭 끝에 소위 미래협약을 위한 교섭이 타결되었다. 폴크스바겐은 2011년말까지 경영상 이유에 의한 정리해고를 하지 않겠다는 약속을 하고, 금속노조는 그 대가로 2007년 1월 31일까지 임금동결에 합의한다.

구서독 지역내 폴크스바겐의 공장은 볼프스부르크, 하노버, 브라운슈바익, 카셀, 엠덴, 그리고 잘츠기터에 6개가 있었다. 그 중 볼프스부르크 공장은 폴크스바겐의 모공장으로서 종업원이 약 50,000명 가량으로 가장 많으며, 주로 골프(Golf) 모델을 생산했다. 하노버 공장은 폴크스바겐의 상용차를 생산하며, 브라운슈바익 공장에서는 차대 및 차축을 생산하고, 카셀 공장에서는 변속기, 잘츠기터 공장에서는 엔진, 엠덴 공장에서는 파사트(Passat) 모델을 생산하고 있었다. 전체 종업원 수는, 구동동 지역내의 공장(켐니츠, 츠빅카우 그리고 드레스덴)과 멕시코 및 브라질의 해외 공장에 있는 종업원들까지 모두 합치면 약 330,000명에 이르고 있었다.

이번 협약의 핵심 내용은 6개 공장의 종업원 103,000명에 대한 고용보장(2011년 말까지)이 될 것이었다. 금속노조의 목표는 4%의 임금인상과 함께 6개 폴크스바겐 공장의 종업원(103,000명으로 인원수를 특정)에 대한 고용보장을 계속해서 보장받는 것이었다. 또한 인구통계학적인 변화를 교섭의 대상으로 삼을 것과 함께 임금체계에 관한 포괄협약을 채결하는 것도 이번 교섭에서 목표로 삼았다. 인구통계학적인 변화를 고려하는 것이란, 종업원의 노령화에 대비하여 노령근로자에 적합한 노동시간제와 건강친화적인 노동조건의 구성을 뜻하는 것이다.

회사 측은 이번 교섭에 대비하여 대폭적인 비용절감안을 관철시킬 참이었다. 노동이사 겸 인사담당이사인 페터 하르츠는 2011년까지 인건비의 30%를 절감함으로서, 매년 약 20억 유로의 비용을 절감하려는 안을 준비하고 있었다. 회사의 입장은 임금인상 불가였다. 2년간 임금인상 없는 협약안을 체결하는 것을 목표로 삼았는데, CFO인 한스 디터 푀치는, 노조가 양보하지 않으면, 30,000명 이상의 일자리가 사라질 수 있음을 경고한다. 그러나 금속노조 또한 회사 측이 입장을 바꾸지 않는 한 이번 교섭은 험난하게 전개될 것이라고 경고했다.

9월 15일의 첫 교섭에서 회사 측의 요구안은, 장기적으로 급여의 변동적인 요소를 지금보다 30% 더 높게 구성하고, 임금등급 단계를 22단계에서 12단계로 축소하고, 2005년 신규채용되는 종업원에게 Auto 5000 GmbH의 모델을 적용시키고, 노동시간저축계좌제의 한도를 ±400시간으로 확대하고, 신규모델에 대한 노동시간을 일시적으로 증가시키고, 교육훈련 등의 시간은 무급으로 전환하고, 직업훈련생의 고용승계는 필요시에만 하며, 직업훈련생 보수는 낮추고, 등등으로 애초 밝힌 것보다 더 강화된 요구로 이루어져 있었다. 5월 10일의 2차 교섭은 성과없이 끝났고, 금속노조는 회사 측에, 103,000명에 대한 고용보장과 협약의 최대 유효기간에 대한 입장을 분명히 정리해서 3차 교섭에 임할 것을 촉구한다. 2006년 이후에도 경영상의 이유에 의한 정리해고는 없어야 된다는 점을 강조했다. 10월 12일의 4차 교섭, 10월 21일의 5차 교섭 그리고 10월 28일의 6차 교섭은 노동자들의 시위 속에 진행되었다. 금속노조는 4% 요구안을 접고, 대신에 연초에 체결된 지역산업단협의 수준으로 양보하겠다는 입장을 밝혔고, 동시에 신규채용자와 직업훈련생에 대한 임금인하를 어느 정도 받아들이겠다는 입장을 전달했으나, 회사 측의 입장은 강경했다. 기존 협약조건의 동결 이외의 어떠한 합의도 없다는 입장이었다.

기존 단체협약의 평화의무 기간이 종료되는 10월 29일 이후에 금속노조는 곧바로 경고파업에 돌입한다. 수만명의 노동자들이 여러 곳에서 동시다발적으로 파업에 돌입했다. 11월 1일에 재개된 교섭은 3일동안 계속된 마라톤 협상이었는데, 11월 3일 마침내 교섭이 타결되었다. 2004년 11월 3일 체결된 협약의 내용은 아래와 같았다.

- [고용 보장] 2011년 말까지 경영상 이유에 의한 정리해고는 없

다. 6개 폴크스바겐 공장 내 직업훈련생을 포함한 총 103,000명의 종업원을 협약 대상인원으로 특정한다. 협약 대상인원의 고용을 보장하고, 고용보장을 위한 생산 및 투자에 필요한 의사결정에 관한 규정을 위해 총사업장협약을 체결한다. 작업장 혁신을 위한 원칙들을 포함한다. 협약이 기초하고 있는 기본가정이나, 경제적인 상황이 변경될 경우 적용되는 소위 "개정조항(Revisionsklausel)"을 둔다.

● [임금 동결] 2007년 1월 31일까지 28개월동안 임금을 동결한다. 이 임금에는 직업훈련생 보수도 포함한다. 2005년 5월에 정규 풀타임종업원에게 일회적으로 1,000 유로를 지급한다.

● [보너스 시스템] 성과와 연동된 새로운 보너스 지급시스템을 도입한다. 풀타임종업원을 대상으로 매년 11월에 결산 결과와 관계없이 최소금액인 1,191 유로를 선지급한다. 이 금액은 새 임금협약의 체결에 따라 조정한다. 2005년 11월에 첫 지급이 이루어지며, 나머지는 결산 결과에 따라 2006년 5월에 지급한다.

● [임금등급에 관한 생산직-사무직 통합 규정] 2004년말 현재 재직 중인 생산직과 사무직에 공히 적용되는 통합 임금등급표를 2006년 6월 30일까지 합의한다(늦어도 2008년부터 시행). 임금등급 10~14에 속하는 신규 종업원에게 적용될 새로운 급여체계를, 월 2,562 유로(성과금 포함)를 기준으로 하여, 2005년 3월 31일까지 확정 짓는다. 신규채용시 주당 노동시간은 1년간 평균

하여 28.8~35시간대에서 결정한다.

- [직업훈련생] 2005년부터 직업훈련생 보수를 약 65~110 유로로 차감하여, 730~884 유로로 정한다. 대신에 185명의 훈련생을 Autovision GmbH에서 추가로 뽑는다. 직업훈련을 수료한 훈련생의 85%는 폴크스바겐에서 채용하고, 나머지 15%는 그룹계열사에서 흡수한다(Autovision 유한회사는 폴크스바겐의 자회사로서 2001년 4월 설립되었으며, 인사 관련 서비스, 각종 기술 및 전산 관련 프로세스에 대한 컨설팅 서비스를 제공하는 회사이다).

- [노동시간 유연성] 노동시간저축계좌제의 한도를 ±400 시간으로 확대한다. 주당 40시간을 초과하는 근무에 대해서는 할증임금을 지급한다. 노동시간저축계좌에 400시간을 넘는 시간이 저축되어 있을 경우, 주당 36시간째 초과근무시간부터 할증임금을 지급한다.

- [인구통계학적 변화의 반영] 매 연말에 초과근로 적립시간 중 66시간을 개인별 노동시간가액적립계좌(Zeitwertkonto)로 적립 가능하다. 2005년 9월 30일까지 고령화에 따른 노동조건의 변화에 관한 협약체결을 위하여 교섭을 개시해야 한다. 노동시간가액적립계좌란, 초과근로시간 또는 미사용 연차휴가일을 적립할 수 있는 제도로서, 사용자가 허용하는 시간만큼만 적립이 가능하며, 퇴직 후 적립된 초과근로시간등이 금액으로 지급됨으로써 퇴직 등으로 줄어든 소득을 일정부분 보전해 주는 제도이다.

고용보장 협약의 대상인원을 그대로 지켜낸 점은 성과라고 할 수 있지만, 그러나 개정조항의 신설은 회사 입장에서 언제든지 협약에서 빠져나갈 수 있는 여지를 안겨줬다는 점에서 비판적인 의견이 많았다. 이에 대해 금속노조는 그럴 가능성은 없다고 일축했다. 왜냐하면 그렇게 될 경우, 1993년 협약의 주 4일 근무제가 무효가 됨으로써, 이전의 협약이 적용될 것이고, 따라서 그 시점 이후에는 임금인상의 적용이 모두 유효하게 되살아나기 때문이라는 것이 그 이유였다.

노동자 입장에서는 2005년에 성과연계 보너스가 없다는 점과, 두 배로 확대된 노동시간저축계좌제의 한도로 인해 할증임금이 붙는 초과근로가 줄어들었다는 점이 아쉬움으로 남게 되었다.

교섭을 담당했던 금속노조 니더작센 광역본부장인 하르트무트 마이네는, 고용보장의 대가로서의 양보는 여전히 변함없는 교섭전략이라고 말한다. 시대 상황에 따라 특정 목표가 우선순위를 가지게 되는 것이 상식이고, 현재에 있어서의 우선순위는 "고용보장"이라는 것이다. 회사측 교섭위원장인 요셉 피델리스 젠은 회사가 애초 구상했던 것들을 대부분 실행할 수 있게 만들었으며, 이 협약을 통해 매년 약 10억 유로의 비용절감이 가능하고, 향후에도 유사한 정도의 비용절감이 가능해 졌다고 긍정적으로 평가했다.

(5) 2006년 단체교섭의 진행

2006년 초 대량 감원과 생산의 해외이전에 대한 얘기가 폴크스바겐의 경영이사회 이사들로부터 나오고 있다는 언론 보도가 이어지고 있었다. 비용 절감을 위해서는 임금보전 없는 노동시간의 연장(주당 35시간) 뿐이었다. 결국 30,000개의 일자리를 지키기 위한 주4일 근무제(28.8시간/주) 도입에 관한 1993년의 합의를 이전으로 되돌려야 할 판이었다. 외부 회계사에 의뢰한 경영진단을 통해 폴크스바겐 경영진의 이러한 우려가 현실이었음이 드러나게 되었다. 2005년 한 해동안 6개 공장(볼프스부르크, 하노버, 브라운슈바익, 카셀, 엠덴, 잘츠기터)의 손실은 무려 수억 유로로 달했다. 5월 초에 회사는 금속노조에 교섭을 진행할 것을 요청하게 된다.

  금속노조 입장에서는 6개 공장 어느 한 곳도 폐쇄하지 않는다는 회사의 공식적인 언급이 없이는, 즉 6개 공장 종업원 모두를 한 단위로 하는 협약의 체결이 아니면 어떠한 협의도 할 수 없는 입장이었고, 이를 회사 측에 강력히 요구했으나, 회사 측은 명확한 입장을 밝히지 못하고 있었다. 금속노조는 9월 27일을 시한으로 그때까지 회사의 공식적인 답변이 없으면 교섭을 중단하겠다고 선언하게 된다. 9월 마지막 한 주동안 6개 공장 종업원들의 시위가 진행되는 가운데, 27일부터 29일까지 진행된 마라톤 협상에서 교섭이 타결되었고, 그 내용은 아래와 같았다.

  • [고용보장] 6개 공장 어느 곳도 그리고 6개 공장 내 어떤 부서도

폐쇄하지 않는다. 분명하고 구속력있는 생산 및 공장의 완전가동에 대한 약속을 근거로 2011년까지 6개 공장 종업원의 고용을 보장한다. 2007~09년까지 1,250명의 직업훈련생을 신규 채용하고, 2011년까지 과정을 수료한 직업훈련생을 정식직원으로 채용한다.

- [임금과 지역산업단체협약의 대체 적용] 직전 단체협약에 따라 2007년 1월 31일까지 임금이 동결되었었다. 2004.12.31. 현재 재직 중인 종업원에게는 2007년 2월~12월 기간에 대해 1,000 유로를 총액베이스로 일시 지급하고, 2005.1.1. 이후 입사자에게는 2007.2.1.부로 3.0% 임금 인상을 적용한다. 니더작센 지역산업단체협약을 폴크스바겐에도 동일하게 적용하기로 한 2006년 9월 29일의 합의 결과에 따라, 2008년 1월~2월분 400 유로(직업훈련생에게는 125 유로)를 일시 지급, 2008.3.1.부로 4.1% 인상, 2009.3.1.부로 1.7% 단계별 인상, 2009년 3월~7월 기간동안 월급여의 0.7%를 매월 추가일시금으로 지급, 단계별 인상과 추가일시금은 경제상황을 고려하여 최대 4개월간 지급유예 하거나, 추가일시금의 경우는 감액 가능(이 경우 반드시 사업장협약을 체결해야 함). 유효기간은 2009년 7월 31일까지이다.

- [노동시간, 퇴직연금제도, 보너스 지급] 노동시간은 현 급여체계하에서 25~33시간으로 합의한다. 부분적으로 임금보전을 하되 그 형태는, 퇴직연금제도의 초기적립자금으로 6,279 유로를

일시지급(5,000 유로를 현금 지급하거나 혹은 노동시간가액적립계좌로 적립하는 대신에)하고, 새 보너스시스템(총 액수는 영업이익 EBIT의 10%)을 도입하는 것으로 한다. 새 보너스시스템 도입의 경우 11월에 1,191 유로를 선지급하고 나머지는 5월에 확정 지급한다(2006년 합의내용: 총 2,200 유로 중 1,191 유로는 2006년 11월 선지급하고, 나머지 1,009 유로는 2007년 5월 지급). 노동시간 연장(최대 35시간까지)은 임금보전을 조건으로 가능. 개별 종업원과 특정 종업원그룹에 대한 노동시간 연장(최대 40시간까지)이 가능한데, 이때는 급여지급에 대한 특별규정을 마련해야 하며, 급여 인상한도는 최대 5%.

- [직무능력향상훈련] 직무능력향상훈련 시간의 50%는 무급 적용. 유효기간은 2011년 12월 31일까지.
- [기타] 토요일 근무에 대한 할증임금 폐지(종전 30% 할증율 적용). 2005년 1월 1일 이전 입사자 대상의 포괄임금협약 (2008.1.1부 시행 예정) 체결과 2005년 1월 1일 이후 입사자 대상의 포괄임금협약(2006.12.31.까지 체결 예정; 미합의시 2007.1.1.부 200 유로 일괄인상 적용) 체결을 위한 교섭의무 명시. 서비스 부문 종업원에 대한 노동조건 및 고령화에 따른 건강 친화적인 노동조건의 결정을 위한 교섭의무 명시.

교섭결과에 대해 회사 측은 매우 만족스러워 했다. 회사의 경쟁력 강화를 위한 큰 진전이었다고 협약을 평가했다. 회사 측 교섭위원장인 클라우스 디르케스 Klaus Dierkes는, "종업원들의 소득감소 없이 노동비용과 근로시간을 지역-산업의 일반적 수준(하향 조정)으로 맞출 수 있었다"고 자평했다. 금속노조 교섭 책임자였던 하르트무트 마이네 Hartmut Meine는 엄청난 압박 속에서 진행되었던 힘겨운 교섭이었지만, 끝내 받아들일 만한 절충이 이루어졌다고 자평했다. 그는 생산에 관한 구속력있는 합의를 특히 강조하면서, 그 점에서는 2004년의 미래협약보다 훨씬 성공적이었다고 평가하고, 몇가지 사항들에서는 지역-산업단체협약의 조건을 웃도는 합의를 이루어 냈다고 강조했다.

(6) 조직통합을 위한 단체협약(Integrationstarifvertrag)

실업자를 채용하고, 혁신적인 작업장 조직과 교육훈련을 통해서 독일이 제조업의 생산입지로서 여전히 경쟁력이 있는가를 확인하려 했던 실험적 프로젝트였던 아우토 5000x5000 프로젝트는, 2001년 아우토 5000 유한회사를 설립하여 미니밴인 투란을 성공적으로 생산(2002.11.), 판매하였고, 두 번째 모델인 도시형 SUV인 티구안을 역시 성공적으로 출시(2007.8.)함으로써 애초 구상한 프로젝트의 소기의 목적을 성공적으로 달성했다고 할 수 있었다. 그러나 공장이 폴크스바겐의 공장 내에 위치해 있었고, 노동조건은 폴크스바겐의 노동자보다 더 낮았던 이유로 인해서 처음부터 갈등의 여지가 없지 않았다. 두번째 모델인 티구안의 생산라인이 폴크스바겐의 골프 조립라인과 겹치면서 이 문제가 두드러지게 나타나게 되었고, 마침내 2008년 11월 금속노조와 폴크스바겐 사이에 두 회사의 조직통합을 위한 단체협약이 체결됨으로써(2009.1. 시행), 아우토 5000 유한회사의 직원이 2년의 과도 규정이 적용되는 기간을 거쳐 폴크스바겐으로 고용이 승계되기에 이른다. 승계된 종업원들에게는 2011년 1월부터 폴크스바겐의 단체협약이 전면적으로 적용되었다.

IV 나가며

1. 무엇을 토대로 제도를, 그리고 사회를 리모델링할 것인가

하루가 멀다하고 '우리사회가 도대체 어떻게 되려고 이런 사건들이 일어나는가' 싶을 정도의 사건, 사고가 끊임없이 일어나고 있다. 왜 그런가? 어처구니 없는 일들이 일상적으로 벌어지는 이런 상황을 어떻게 이해해야 할까? 1996년에 선진국 그룹인 OECD에 가입을 했고, 2015년 경제규모(GDP 기준)에서 세계 11위, 그리고 2030년이면 세계 7위의 경제대국이 된다고 하는 대한민국에서 후진국에서나 가능한 일들이 일상적으로 벌어지고 있다. 그런데 대한민국은 선진국인가? 한 나라가 선진국인지 아닌지를 경제규모로만 파악할 수 있는 것은 아니지만, 우선 경제적인 면만을 본다면 그런데로 선진국의 외향을 갖추고 있기는 하다. 하지만 여전히 선진국이라고 하기엔 역부족이다. 사회, 경제, 정치, 교육 등 어느 것 하나 선진국의 수준에 확실히 도달했다고 말하기가 주저된다. 아니 여전히 갈 길이 멀다고 해야 정확한 표현이 될 것 같다.

지난 2년여 산업체와 공무원을 대상으로 강연을 하면서 인용했던 OECD 통계자료를 다시 끄집어 내어 보았다. 남녀 임금격차, 노인빈

곤율, 10년간 자살사망률, 청소년 자살증가율, 졸업 후 NEET 상태 인구비율, 저임금노동자 비중, 여성자살률, 임시직 비율, 출산율, 아동 삶의 만족도 등등. 이 모든 항목에서 대한민국은 1등 아니면 꼴찌를 기록했다(그 사이 통계에 약간의 변동이 있을 수 있다). GDP 대비 사회복지지출, 조세 소득재분배 효과(지니계수 감소율), 국민부담율(GDP 대비 조세 및 사회보험료), 소득지니계수 등에 있어서도 거의 최하위 그룹에 속한다. 소득이 아닌 자산(금융)지니계수는 또 어떤가? 2010년 주택자산지니계수와 부동산자산지니계수는 각각 0.62와 0.70을 기록했다(고 한다). 2012년 소득지니계수는 0.357로서, 한국은 34개 OECD 국가 중에 29위를 기록했는데, 이것과 비교하면 우리나라에서 자산보유의 불평등도를 실감할 수 있을 것이다. 김낙년이 발표한 자료(2013)에 따르면, 우리나라 상위 1%는 전체 자산의 26.0%, 상위 10%는 전체 자산의 66.4%를 차지하고 있는데 반해, 하위 50%는 전체 자산의 불과 1.9%만을 가지고 있었다.

숫자로는 실감이 나지 않는다면, 우리사회 내부의 민낯을 보여주는 아래의 사례들을 보자.

- [주거, 공동체, 사회] 층간소음으로 인한 살인, 아파트 경비원에 대한 갑질, 백화점/식당 종업원에 대한 반말/갑질, 쓰레기로 뒤덮힌 피서지, 공중도덕의 부재
- [교통] 홉스가 말했던 자연상태에 다름 아닌 교통질서, 교통문

화, 교통사고

- [대학] 인분 먹이는 교수, 만연된 논문 표절, 학위/등록금 장사, 시간강사 문제의 외면
- [정치] 정책연구 없는 정치만을 위한 정치, 여당과 야당의 대립만을 위한 대립, 사회지도층들의 온갖 탈법/축재
- [기업, 조직] 경영실패에 대한 책임 부재, 상사의 갑질, 몰상식한 회식문화, 노동자에 대한 그릇된 인식, 상사의 갑질에 부하가 자살하는 검찰조직
- [노동조합] 대기업 정규직노조의 이기주의, 비정규노동자 문제에 대한 외면, 정치/투쟁 지향의 노동운동, 경제실리주의 일변도의 노동조합정책, 조합원 자녀 채용시 가산점 주기
- [법조계, 언론계] 유전무죄-무전유죄, 전관 이용한 상상초월의 축재, 엘리트끼리의 봐주기 문화, 신문과 방송의 존재/역할에 대한 회의와 의심
- [문화] 스트립쇼로 뒤덮힌 TV 쇼 프로그램, 유행과 브랜드만 쫓는 저급한 문화, '부자 되세요'로 상징되는 물질만능 풍조
- [교육] 대학진학이 목표인 교육, 공교육의 붕괴, '교육'없는 교육, '생각'을 못하게 하는 교육, 기본적인 시민질서교육도 안시키는 유치원과 초등학교…

2013년 노벨경제학상을 수상한 로버트 쉴러는, 미국의 전성기였던 1960년대에 소득세율이 가장 높았고, 동시에 고성장과 고평등의 사

회였다고 분석하면서, 세율을 통해 불평등을 완화시켜야 한다고 주장했다. 소위 불평등 척도에 연동되는 세율의 도입이다. 불평등이 심화되면 세율을 올리고, 완화되면 세율을 내리는 방식이다. 이 정도는 아니더라도, 기본적인 소득재분배 정책만 펴도 우리나라의 불평등도가 이처럼 심하지는 않을텐데 안타까운 일이다. OECD 지니계수 감소율 통계에서 OECD 평균 감소율은 31.3%인데 반해, 한국은 8.7%에 불과했다(한국조세재정연구원, 2013). 독일의 감소율은 41.5%였다. 조세 및 이전지출의 소득재분배 효과가 미미하다는 말이다. 1960년대에 미국의 소득세율표상 소득구간은 26개였다. 최고세율(평균세율이 아닌 소득구간별 한계세율을 말함)은 70%를 넘었고, 1954년의 최고 세율은 무려(!) 91%였다. 북유럽이 아니라 미국의 소득세율이다. 이것이 레이건 정권이 들어선 1981년부터 점점 줄어들어 소득구간은 6개로 줄었고, 최고 세율은 35%로 떨어졌다. 우리나라의 경우도 비슷한데, 70년대 말에는 최고 세율이 70%였다가, 전두환 정권이 집권한 1980년부터 점점 줄어들어 지금은 최고 세율이 38%가 되었다. 장하성(2016)은 "왜 분노해야 하는가"에서 부의 분배실패가 오늘날 한국의 불평등을 낳은 주요인이라고 지적한다.

어떻게 하면 우리사회를 바람직한 방향으로 변화시킬 수 있을까? 이런 저런 제도를 끊임없이 모방해서 이 사회에 이식한들 그것이 제대로 작동하지 않으리라는 건 이제 모두 알고있다. 기본적인 '생각'이 변화되지 않은 상태에서 제도만 바꾸어봐야 그야말로 아랫돌 빼서 윗돌 괴는 식 밖에 되지 않는다. 제도를 움직이는 사고, 가치관, 이런 본질적인 것들에 대한 변화없이 그 제도가 올바른 방향으로 작동하리라고 믿는 것은 터무니없는 생각이다. 우선 생각을 바꾸어야 한다. 생각을 바꾸어야 한다는 데 동의하는 분들이 이제 많이 있는 듯 하다. 그런데 어떻게 바꿀 것인가? 어떻게 사는 것이 좋은 삶이고, 좋은 사회이고, 정의로운 사회인가에 대한 고민이 먼저 필요할 것이다. 필자는 인간의 존엄성에서부터 생각의 변화를 시작하자고 제안한다. 경제학자 박종현도 사회적으로 존중되는 능력의 내용을 바꾸자고 제안하는데, 같은 맥락이다. "…이러한 특징은 어떤 결과가 특정 개인을 넘어서서 여러 사람들과의 복잡한 상호작용에도 영향을 받기 때문이다. 그럼에도 집단행동의 과정 속에서 일어난 성공과 실패를 오롯이 당사자의 몫으로만 돌릴 경우, 승자에게는 과도한 칭송과 보상이 집중되는 반면, 패자에게는 지나친 비난과 부담이 전가된다. 극소수의 승자는, 자신이 시스템의 가장 큰 수혜자이자 가장 운이 좋은 사람이라는 사실을 망각한 채, 자신의 노고와 분투와 기여에 존경심을 보이지 않는다며 세상에 화를 낸다. 다수의 패자들은, 기득권층과의 싸움을 통해 사태를 개선할 투쟁심도, 불운을 탓하며 새로운 출발을 기약할 긍정심도 키우지 못한 채, 처지가 더 열악한 약자들에게서 열패감을 해소할 배출구를 찾는다. 최근 전세계적으로 벌어지고 있는 광범위한 분노와 불안의 정서는 지나친 능력주의로 인한 공동체의 와해와 관련이 깊어 보인다. 사태의 악화를 막기 위해서는, 결과가 운에도 크게 좌우된다는 점을 명확하게 인정하고, 시장에 의해 결정되는 보상의 격차에 일정한 한계를 부여하는 사전적 제약이나, 아니면 세금의 누진성을 대폭 강화하는 사후적 제약이 요구된다. 더 중요한 것은 사회적으로 존중되는 '능력'의 내용을 바꾸는 것이다. 집요한 이익 추구, 공격성, 무자비함 등과 같은 약탈적 능력으로부터 타인에 대한 공감과 존중, 무엇이 옳은지를 분별하는 능력, 불이익이 예상되더라도 진실을 이야기할 수 있는 용기와 같은 덕성적 능력 쪽으로 말이다"(능력주의, 해악인가 해법인가 - 한겨레 2016.7.25.).

시스템이론가인 최동석도 인간을 바라보는 관점에 근본적인 변화가 있어야 하며, 인간존중의 경영철학이 필요하다고 역설한다. "…구조와 시스템을 바꿨지만, 그 구조와 시스템의 취지대로 조직이 바뀌는 것을 보지 못했다. 우리의 현실에서 아무리 세심한 배려를 한다 해도 조직의 구조와 시스템의 변화는 조직구성원들의 태도 변화에 거의 영향을 미치지 못한다는 사실을 깨달았다. 인간에 대한 관점의 근본적인 변화가 전제되지 않은 채 구조와 시스템의 변화를 꾀하는 것은 오히려 구성원들의 태도에 부정적인 영향을 미친다. 그들은 냉소적으로, 이기적으로, 때로는 파괴적으로 변한다. 경영자의 정신적 토대의 변화, 즉 인간을 바라보는 관점에 근본적인 변화가 없이는 그 어떤 구조적, 시스템적 변화도 효과를 발휘하지 못한다. 인간을 자원으로 보는 관점에서는 조직의 구조가 아무리 바뀌어도 인간은 자원 이상의 대접을 받을 수 없다. 매출이나 이익을 내는 수단으로 간주될 뿐이다(최동석, 2013, p. 24). 노동현장에서 벌어지는 불신풍조와 기업의 권위주의적 조직풍토, 그리고 그에 따른 생산성은 결국 인간을 존중하는 경영철학의 결여에서 비롯된다. 경영자와 지도자들이 어떤 지배적 관념에 사로잡히면 그것이 이데올로기화되고, 나아가 편협한 사고를 만들어낸다. 이렇게 되면 경영자나 지도자들은 자신들의 전도된 가치체계를 전혀 인식하지 못한다"(최동석, 2013, p. 375).

좋은 사회, 정의로운 사회에 대해서는 보충성의 원리가 지배하는 사회 그리고 연대의 원리가 지배하는 사회를 우선 상정해 볼 수 있다(전술한 부분을 참조하기 바란다). 순서는 인간의 존엄성을 받아들이는 태도에서부터 시작되어야 한다. 그러기 위해서는, 인간은 존재론적으로는 평등하나, 기능적으로는 불평등하다는 사실을 받아들이고, 이 둘의 관계를 서로 용납할 수 없는 모순관계가 아니라, 음과 양의 태극 문양처럼 서로 보완하며 지속가능한 공동체를 꾸려가는 역설적 관계로 이해하는 것이 필요하다(이병남, 2014, pp. 223~228).

프랑스 대혁명의 슬로건은 "공화국의 변할 수 없는 한가지! 자유, 평등, 박애. 그것이 아니면 죽음을!"이었다. 찰스 핸디(1994, p. 127)는 여기에 대립하는 양자를 화해시키는 삼위일체식 사고가 분명하게 드러난다고 했다. 자유가 강조되면 평등은 약해지고, 평등을 강조하면 자유는 제약된다. 이 모순적인 두 개념을 무모순의 관계로 만들어주는 것이 바로 박애이다. 박애가 있으면 자유와 평등은 모종의 조화를 이루어 공존이 가능하다. "사람들이 서로를 배려한다면 타인의 동등한 권리를 침해할 만큼 자신의 자유를 강하게 고집하지는 않을 것이다. 마찬가지로 타인의 자유를 부정할 만큼 강하게 평등만을 주장하지도 않을 것이다." 나도 남을 존중하고, 남도 나를 존중하는 태도. 바로 인간에 대한 존중이 없이는 공존이 가능하지 않다(정치권에서 오고가는 개헌 논의에서 이 문제 즉, 인간의 가치에 대한, 인간존중에 대한 헌법적 가치를 보다 분명하게 선언하는 것이 다른 어떤 사안보다도 중요하다고 생각한다). 인간의 존엄성을 인식하고, 인간에 대한 존중을 바탕으로 각종 제도를, 우리사회를 재설계할 것을 제안한다.

2. 새로운 시작은 '감당 가능한 정도'에 대한 노와 사의 '입장 백서' 내놓기부터

앞에서 살펴 보았듯이 폴크스바겐은 새로운 방식을 통해 대량해고 의 문제를 극복했다. 그 해결방식은 지금까지와는 다른 차원의 것이 었으며, 또한 이데올로기와도 무관한 것이었다. 다만 새로운 모델이 노와 사가 과연 감당할만한 것인가에 대한 현실적인 문제만이 남아 있었을 뿐이었다. 페터 하르츠는 "감당 가능한 정도(Zumutbarkeit)" 라는 개념이 폴크스바겐이 당면한 문제 뿐만 아니라, 향후 정치사 회적인 현안을 해결하는데 있어서 핵심적인 요소로 작용할 것이라 고 전망했다. 감당 가능한 수준을 찾고, 이를 설득하는 것이 향후 노 사관계의 핵심사항이 될 것이었다. 폴크스바겐은 새로운 근로시간 모델의 도입을 통해 대량해고의 문제를 함께 극복했고, 이런 경험을 통해 노사의 잠재력을 확인하면서 다시 경쟁력을 되찾을 수 있게 되 었는데, 이 과정에서 '과연 어디까지 감당 가능한가?'에 대한 사고의 지평을 확장시킴으로써, 노사간 상생의 새로운 장을 열었다. 이제까 지와는 전혀 다르고, 낯설고, 또한 불편하기까지 한 것(제도, 생각) 을 받아들이고, 실행하는데 있어서 가장 중요한 것은 이데올로기도 아니고, 바로 이해당사자들이 이를 감당할 수 있느냐에 대한 자문에 스스로 답하는 것이 될 것이다(Peter Hartz, 1994, p. 33).

지금 우리에게 협력적이고 평화적인 노사관계가 필요한가? 그에 대한 노와 사의 명확한 '입장'을 듣고 싶다. 어떤 인식, 가치, 철학에 입각해서 사는 노가, 노는 사가 필요한지에 대한 명확한 입장을 함께 내놓기 바란다. 분명한 비전 제시도 함께 해야 한다. 스스로에게 그럴 역량이 없으면 외부 전문가의 도움을 받아서라도 이를 제시해야 한다. 우선 내부적으로 치열하게 고민해야 할 것이다. 청년실업, 고령근로자, 고용안정, 임금수준, 노동시간 등등에 있어서 명확한 입장을 설득력있게 내놓아야 한다. 유연안정성(Flexicurity)이라는 다소 모순되는 조어에 대해, 노와 사는 각자 입장을 내놓아야 한다. 양보교섭이니 뭐니 또 이데올로기를 끼워넣지 않았으면 좋겠다. 우리사회의 문제에 대해 노와 사는 어디까지 스스로 감당할 수 있는지(공동체를 위해 지금보다 열악한 조건을 어디까지 감당할 수 있는지), 그 선을 설득력있게 제시해 주어야 한다. 그러기 위해서는 정말로 스스로 어디까지 감당할 수 있을지 치열하게 공부해야 할 것이다. 그런 실력을 갖추고 있지 않으면 바깥을 향해 싸움이나 하려고할 것이다. 아무런 논리도, 철학도, 방향성도 없는 채로, 싸움을 위한 싸움만을 하면서 밥그릇이나 챙기려고 하지 않겠는가.

외부의 강제력이 아닌, 스스로 입장을 정리해서 백서 형태로 밝혀주었으면 한다. 필자는 "내가 양보하고, 감당할 수 있는 수준이 어디까지인지"를 양 측이 논리적으로, 그리고 정서적으로도 우선 정리하는 것이 순서라고 생각한다. 그리하여 국민들을 향해 노사의 '입장백서'를 만들어서 보여주는 것이 우리 노사관계를 개혁하는 첫 순서라고 생각한다. 그렇지 않고 지금까지와 마찬가지로 가진 것을 지키고, 더 가져야 겠다는 생각만 하고 있다면, 그들은 돌이킬 수 없는 해악을 우리사회에 끼치는 장본인들이 될 것이다. 입으로 아무리 노동자의 권리를 외치고, 없는 자의 아픔을 외치더라도 아무도 믿지 않을 것이다. 오학수(오학수, 2013, p. 500)의 말처럼, 노동조합은 최대의 사회단체이다. 자부심과 책임의식을 갖고 자신이 속한 사회를 개혁하겠다는 신념을 품는 것이 새로운 노사관계의 정착을 위해 필요하다.

사측도 마찬가지이다. 가만히 내버려두면 없는 사람은 계속 없게 되고, 있는 사람만 더 많이 가지게 되는 자본주의의 가장 취약한 지점을 알면서도(피케티가 분석한 200년동안의 자료를 보라!) 외면한 채, 우리사회의 문제를 노동자의 탓으로만 돌린다면 그것은 책임있는 기업의 자세가 아닐 것이다. 우리 기업이 어떻게 지금의 위치에까지 올라왔는지 자랑스러운 마음으로 쳐다보면서, 우리들은 그 과정의 어두운 부분을 또한 또렷이 기억하고 있다. 노동자 없이도 해외에 공장 짓고, 해외에서 영업을 하면 되는가? 기업의 목적이 이윤 뿐이라고 말한다면 곤란하다. 어느 한편이 강하면 균형이 깨진다. 이는 노사관계에 대해서 정확하게 적용되는 말이다. 노사관계에 관한 것들을 정치적인 문제로 보지말고, 구체적인 삶의 문제로 인식했으면 좋겠다. 노동조합의 사회적책임(USR: Union Social Responsibility)과 기업의 사회적책임(CSR)이라는 근사한 말보다는, 노사가 각자 자신의 실력을 스스로 파악하고, 감당 가능한 선에 대

한 입장을 서로에게 내 놓으면서, 함께 살기위한 긴 여정을 지금 시
작하기를 권한다.

3. 새로운 변화를 고대하며

얼마나 일하고, 얼마나 돈을 벌고, 얼마나 성장해야 만족할까? 우리가 원하는 것은 정말 우리가 필요로 하는 것일까(로버트 스키델스키, 2013)라는 철학적 고민을 할 필요가 있다고 생각한다. 단순히 제도의 변화만 가지고는 진정한 변화(지속적이라는 의미를 포함한다)를 이룰 수 없다. 단순히 선진국의 제도를 곁눈질하고, 이제까지 해왔던 것처럼 단순 모방만을 하자고 이 책을 쓰는 것이 아니다. 진정한 변화에 대해 함께 생각해 보자는 것이다.

흔히 드는 예가 있다. 유럽의 어린 축구선수들이 기본기를 익히는데 시간과 노력을 기울이는 동안에 우리나라 초등학교의 축구부에서는 선수들에게 골을 어떻게 넣을 것인지 전술을 먼저 가르친다고 한다. 그러니 어릴 때는 잘 하는데 성장할수록 점점 못한다는 소리를 듣는다. 지속적인 발전을 기대할 수 있는 "기본"이 없다. 밑천이 금방 드러나 버린다. 기본을 연마해야 할 시기에 딴 짓을 시키기 때문이다. 독일의 대입자격시험인 아비투어(Abitur)는 김나지움(학교) 교과과정만 따라가면 충분히 좋은 점수를 받기 때문에 독일에서는 따로 사교육 시장이 형성되어 있지 않다. 기본공통과목(국어, 수학, 외국어)과 3 영역 중 하나를 선택하는 시험인데, 논술시험과 구두시험으로 구성되어 있다. 프랑스의 대입자격시험인 바칼로레아의 시험구성은 다소 복잡한데, 어쨌든 시험이 단답형으로 구성되어 있지 않고 논술형으로 구성되어 있는 것은 독일의 아비투어와 동일하다. 두 시험 모두 학생의 폭넓은 독서량과 생각의 깊이를 평가하고 있다. 모일간지 칼럼에서 바칼로레아 시험문제를 소개한 것을 봤는데, 철학적 소양을 묻는 문제들을 일별하면서 과연 우리 학생들이 이 문제를 받고 어떤 반응을 할 지 궁금했다. 아마 손을 대기도 어려울 것이다. 우리나라 고시(시험)에서도 논술형 시험을 치르기는 한다. 그러니 그 어려운 시험을 합격한 사람들은 바칼로레아 시험문제 정도는 어렵지 않게 써 내려가지 않을까? 이렇게 착각하시는 분들이 계실 것 같은데, 천만의 말씀이다. 제한된 짧은 시간안에 상당한 분량의 답안을 써야하는 고시 논술시험은 지식과 생각의 깊이를 묻는 시험이 아니고, 얼마나 많이 외웠느냐에 관한 경연대회라고 생각하면 틀림없다. 시험시간 동안 "생각"을 하면 떨어지는 시험이니까. 사고의 폭이 얼마나 넓고, 유연하고, 깊은지를 평가하지 않는다. 스스로 사고하는 능력을 요구하는 것이 아니라, 중요한 내용을 요점 정리해서 달달 외우는 능력 따위를 우수하다고 평가하고 있다. 스스로 사고하는 능력만 갖췄다면, 구글링을 통해 인터넷에서 무한대로 정보를 얻을 수 있는 지금, 이 무슨 시대착오적인 발상인지 모르겠다. 이 모든 것이 기본이 중요하다는 것을 망각해서 나타나는 문제가 아니겠는가.

날은 저물었는데, 깊은 산 속에서 길을 잃었다면, 나침반이 있든지 혹은 별을 보고 방향을 잡을 수 있는 지식이 있다면 방향을 잡고 다시 길을 찾아갈 수 있을 것이다. 지금 우리사회가 마치 나침반도 없고, 방향을 잡는 지식도 없는 상태와 같다고나 할까. 동네 축구하듯이 모두들 공만 쫓아가다가 우리가 지금 뭘하고 있지? 하면서 멍하니 서 있는 격이다. 동력이 없던 시절, 유일한 동력은 바람이었고, 범선은 쌍돛대를 이용해서 순풍은 물론이고, 역풍을 맞고도 앞으로 나아갈 수 있었다. 그 당시의 격언에 이런 게 있다. 어디로 갈 지 모르는 자에게는 어떤 바람도 이롭지 않다. 앞에 두고 추구해야 할 근사한 목표를 얘기하는 것이 아니다. 기본적인 원칙과 비전과 전략을 정하고, 이를 바탕으로 어떤 상황이 닥치더라도(비록 역풍이 불더라도) 기본에 부합하는 방식과 방향으로 나가는 것, 그것이 바로 우리가 함께 가야 할 곳이라는 말을 하려는 것이다.

지금까지는 앞에 목표를 정해두고, 이를 어떤 어려움이 있더라도 이루자는 방식으로 일을 해 왔다. 잘 살아보세, 수출 100만불, 월드컵 축구 4강 달성, 고용률 70% 달성 등등. 모두가 이런 식이었다. 이런 목표를 어떤 기본적인 원칙과 비전과 철학에 근거해서 해 나가는 것이 아니라, 어쨋든 달성하고 보자는 식이었다. 독재정권 시절에는 이런 방식이 꽤나 유효했다. 권위로 눌러서 겉으로의 사회통합을 만들어 내기도 했었다. 하지만 지금은 그런 방식이 통할리가 없다. 이제는 생각을 바꾸자. 앞에 내세우는 그럴듯한 목표를 설정하는 대신, 어떤 일을 하든 우리가 반드시 지켜야 하는 기본적인 원칙과 비전과 철학을 만드는데 우리의 역량을 쏟아야 한다. 아랫돌을 빼서 윗돌을 괴는 방식으로는 노사관계를 변화시킬 수도, 일자리를 만들어 낼 수도, 사회를 변화시킬 수도 없다. 그런 방식으로는 어떠한 의미있는 변화도 만들어지지 않는다. 근본적인 변화가 필요하고, 그 변화는 앞서 얘기했듯이 우리가 의심의 여지없이 믿고 있는 어떤 가정이나 전제에 대해 의문을 가지는 것에서부터 시작되어야 한다. 필자는 그러한 기본은 반드시 인간 존중에 바탕을 두어야 한다고 말하는 것이다. 인간 존중에 바탕을 두고, 보충성의 원리와 연대의 원리를 적용하여, 공동선을 위해, 서로가 감당할 수 있는 수준까지 양보하면서 우리의 제도와 사회를 재설계해야 한다는 것이다.

우리사회에서 협력도 어렵고, 개선도 잘 안되는 이유는 "우리가 너무 간단한 해결책을 좋아하기 때문"이다. 시간도 걸리고, 노력도 필요한데 대부분의 사람들은 이런 과정들을 외면한다. 다윈이 말했듯이, 아마도 우리는 단 한번의 실행으로 성공하는 방법을 알기는 어려울 것이다(진화의 그 긴 과정을 상상해 보라). 좋은 관계를 만들고, 좋은 공동체를 유지하는 것은 만들기도 어렵지만 유지하는데도 많은 노력이 필요한 법이다. 그렇다고 지레 실망할 필요는 없다. 강준만이 말하듯이, 일이 되려면 또 순식간에 이루어질 수도 있는 법이다. "…그러나 세상은 참으로 묘한 곳이다. 밀물이 있으면 썰물이 있고, 높은 곳이 있으면 낮은 곳이 있다. 필요 이상으로 피곤하게 사는 한국인들의 기존 삶은 이미 정점을 향해 치닫고 있거나 정점에 도달했을지도 모른다는 점에 주목할 필요가 있다. 전염은 무서운 것이다. 냉소주의와 패배주의의 전염이 위력적이긴 하지만, 그 반대의 전염도 가능하다. 지레 겁을 먹고 포기하는 것만큼 어리석은 건 없다. 전염의 무서운 가능성을 단순 산술로 평가해선 안된다"(강준만, 2013, p. 260).

미래는 단순히 과거나 현재의 추세대로 움직이는 것이 아니다. 미래가 그런 식으로 온다면, 우리는 발달된 컴퓨터를 통해 이미 미래를 통제하고 있어야 옳다. 그렇다면 미래를 어떻게 예측하고 대비해야 하는가? 로버트 쉴러의 견해를 따르면, "미래를 예측하기 위해 우선 미래에 활용할 수 있는 새로운 아이디어부터 제시해야 한다. 단순히 현재의 추세를 가지고 미래를 추측하는 것이 아니라, 그 이상의 미래를 그려 보려면, 미래에 통할 멋진 아이디어에 대한 우리의 감을 믿어야 한다. 지금은 별로 인정받지 못하고 잘 알려지지도 않았을지 모르지만, 정말로 좋은 아이디어라면 언제라도 시행될 수 있다는 굳은 믿음을 가져야 한다"(로버트 쉴러, 2015, p. 237).

이 책을 통해 우선 생산적인 토론을 위한 토대를 갖추고, 다음 책을 통해 일자리 창출을 위한 나름의 해법을 제시해 보고자 한다. 로버트 쉴러의 말처럼, 정말 좋은 아이디어라면 언제라도 시행될 수 있다는 믿음을 가지고 대안을 내고, 그 대안을 끊임없이 가다듬어 나가려고 한다.

참고 문헌

강준만, 감정 독재, 인물과 사상사, 2013

금속노조 기아자동차지부 조합원 수첩, 2015

김규완, 윤재왕, 독일법개념사전, 지산, 2002

김상봉, 기업은 누구의 것인가, 꾸리에, 2012

김화진, 기업지배구조와 기업 금융, 박영사, 2013

도요안, 가톨릭 사회교리, 가톨릭출판사, 2011

로버트 쉴러 외, 새로운 부의 시대, 알키, 2015

로버트 스키델스키, 얼마나 있어야 충분한가, 부키, 2013

미셸 알베르, 자본주의 대 자본주의, 소학사, 1993

박종현, 독일연방은행과 라인형 자본주의, 미국식 자본주의와 사회민주적 대안, 전창환/조형철 편, 당대

오학수, 노사관계의 새로운 지평 - 일본의 노사혁신과 노조운동 부활 전략, 한울아카데미, 2013

이병남 외, 대전환 노사파트너십, 명진출판사, 1995

이병남, 경영은 사람이다, 김영사, 2014

임종률, 노동법 제11판, 박영사, 2013

장하성, 왜 분노해야 하는가 - 분배의 실패가 만든 한국의 불평등, 헤이북스, 2016

조용만/김홍영, 로스쿨 노동법 해설 제2판, 오래, 2013

찰스 핸디, 텅 빈 레인코드, 21세기북스, 2009

천주교 서울대교구 노동사목위원회, 서울대교구 노동사목 50년사, 가톨릭출판사, 2008

최동석, 다시 쓰는 경영학, 21세기북스, 2013

하성식, 독일 노동법 실무, 한국학술정보, 2007

한국가톨릭대사전, 한국교회사연구소, 2006

허창수(Herbert Wottawah)/정용교, 사회적 시장경제의 핵심내용과 주요 테제, 2005

허창수(Herbert Wottawah), 자본주의의 도덕성과 비도덕성 - 경제 윤리적 소고, 1996

Arbeitsgesetze, 88. Auflage, Beck-Texte im dtv, 2016

Blanke, Thomas, Koalitionsfreiheit und Tarifautonomie: rechtliche　Grundlagen und Rahmenbedingungen der Gewerkschaften in Deutschland, Wolfgang Schroeder(Hrsg.), Handbuch Gewerkschaften in Deutschland, 2. Auflage, Springer Verlag, 2014, pp. 173~206

Bogedan, Claudia/Brehmer, Wolfram/ Seifert, Hartmut, Wie krisenfest sind betriebliche Bändnisse zur Beschäftigungssicherung?, WSI-Mitteilungen 2/2011, pp. 51~59

Dreibbusch, Heiner/Birke, Peter, Die Gewerkschaften in der Bundesrepublik Deutschland -Organisation, Rahmenbedingungen, Herausforderungen, Friedrich-Ebert-Stiftung, 2012

Dreibbusch, Heiner/Birke, Peter, Die DGB-Gewerkschaften seit der Krise - Entwicklungen, Herausforderungen, Strategien, Friedrich-Ebert-Stiftung, 2014

Enste, Dominik H., Soziale Marktwirtschaft aus ordnungspolitischer Sicht, Roman Herzog Institut(Hrsg.), 2006

Factbook Aktie, Comdirect bank AG & Handelsblatt Research Institute, 2013

Giertz, Jan-Paul, So funktioniert mitbestimmte Personalpolitik, 9/2015, Mitbestimmung Magazin, Hans-Boeckler-Stiftung

Hartz, Peter Jeder Arbeitsplatz hat ein Gesicht, Campus Verag, 1994

Hartz, Peter, Das atmende Unternehmen, Campus Verlag, 1996

Heise, Arne, The Social Market Economy Revisited, 2013

Hübler, Olaf, Quo vadis, betriebliche Bündnis?, Wirtschaftsdienst Februar 2006, pp. 96~101

Meine, Hartmut/ Schwitzer, Helga, Neuland erfolgreich bearbeitet - Eine Bilanz der Bezirksleitung der IG Metall, Schumann/Kuhlmann/Sanders/Sperling (Hrsg.), Auto 5000: ein neues Produktionskonzept, 2006, pp. 29 ff

Rehder, Britta, Betriebliche Bündnisse für Arbeit in Deutschland - Mitbestimmung und Flächentarif im Wandel, Campus Verlag, 2003

Schroeder, Wolfgang/Greef, Samuel, Struktur und Entwicklung des deutschen Gewerkschaftsmodell: Herausforderung durch Sparten- und Berufsgewerkschaft, Wolfgang Schroeder(Hrsg.), Handbuch Gewerkschaften in Deutschland, 2. Auflage, Springer Verlag, 2014, pp. 123~145

Seifert, Hartmut, Betriebliche Bündnisse für Arbeit - Beschäftigen statt entlassen, WSI-Mitteilungen 7/2000

Schulz, Wolfgang, Beschäftigungspolitischer Aufbruch, aber auch Start ins Ungewisse, Schumann/Kuhlmann/Sanders/Sperling (Hrsg.), Auto 5000: ein neues Produktionskonzept, 2006, pp. 36~40

Sperling, Hans Joachim, Ein Novum: Rekrutierung einer neuen Belegschaft aus Arbeitslosen, Schumann/Kuhlmann/Sanders/Sperling(Hrsg.), Auto 5000: ein neues Produktionskonzept, VSA-Verlag, 2006, pp.64~71

Sperling, Hans Joachim, Mitbestimmung und Partizipation: Ausgangspunkt - Lernen-Optionen, Schumann/Kuhlmann/Sanders/Sperling (Hrsg.), Auto 5000: ein neues

Produktionskonzept, 2006, pp. 55~63

Spering, Hans Joachim, Ein Novum: Rekrutierung einer neuen Belegschaft aus Arbeitslosen, Schumann/Kuhlmann/Sanders/ Sperling (Hrsg.), Auto 5000: ein neues Produktionskonzept, 2006, pp. 64~71

Statistisches Taschenbuch, WSI-Tarifarchiv 2016, Tarifpolitik, WSI, Hans-Böckler-Stiftung, 2016

Winterberg, Jörg M., Soziale Marktwirtschaft in Deutschland: Geschichte, Gegenwart und Zukunft, Konrad-Adenauer-Stiftung, 2006